Der Kick mit dem Ball

Die Geschichte des Fußballs

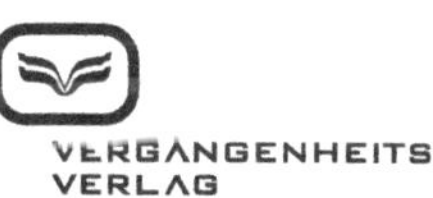

Florian Reiter

Der Kick mit dem Ball

Die Geschichte des Fußballs

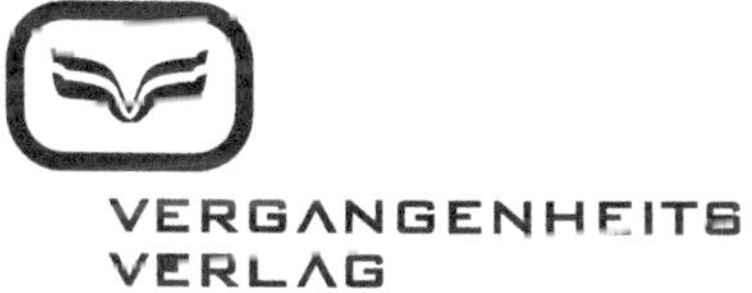

Bildarchiv Preußischer Kulturbesitz:	14, 18, 74, 103 (Arthur Grimm)
Bundesarchiv:	79, 93 (Rainer Mittelstädt)
Sepp Herberger Stiftung:	30, 105, 108, 110
Ullstein-Bild:	97 (ddp), 98 (Reuters), 130
Pixelio:	49, 52 (Jens Bredehorn)
	55 (Oliver Weber)
	61 (Günter Z.)
	116 (Oliver Thaler)
Adidas AG:	36, 42, 68, 70, 106, 134, 138
Puma AG:	38, 39
James McSpadden:	10
Archiv Sheffield FC:	22
Archiv Corinthians FC:	25
Vergangenheitsverlag:	41, 121
Verlag die Werkstatt:	72
Mast-Jägermeister AG	112

Bibliografische Informationen der Deutschen Nationalbibliothek
Die Deutsche Nationalbibliothek verzeichnet diese Publikation in der Deutschen Nationalbibliografie; detaillierte bibliografische Daten sind im Internet über http://dnb.d-nb.de abrufbar.

ISBN 978-3-940621-06-1

Lektorat: Waltraud Greczmiel
Grafisches Gesamtkonzept, Titelgestaltung, Satz und Layout:
Stefan Berndt – www.fototypo.de

Inhalt

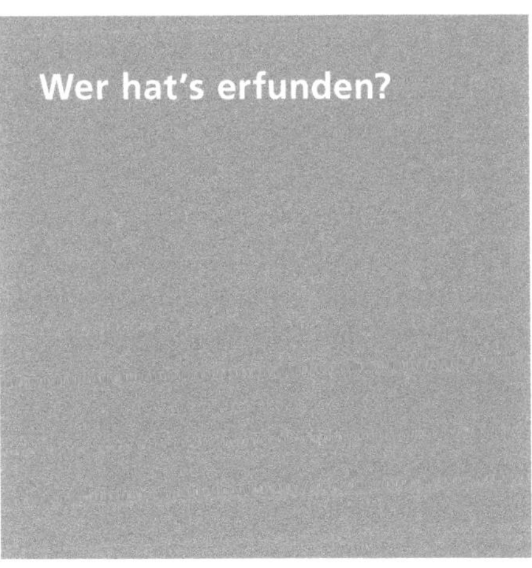

»Wer hat's erfunden?« Die am lautesten »wir waren das, wir haben den Fußball erfunden« rufen, sind die Engländer. Unzweifelhaft haben die Engländer die Regeln des modernen Fußballs entwickelt und niedergeschrieben. Das war Mitte des 19. Jahrhunderts. Aber viel früher wurden bereits an verschiedensten Orten der Welt Bälle zum Vergnügen mit dem Fuß gespielt. Ballspielen ist ein Urtrieb, dem nicht nur wir Menschen verfallen sind. Auch Hund, Katz' und Maus sind nicht zu stoppen, wenn etwas Ballähnliches in Reichweite kommt. Irgendein rundes, rollendes Ding, heute würde man es Ball nennen, hat sicher schon den Neandertaler zum spielerischen Dagegentreten verführt. Ob er mit seiner Sippe gegen eine Horde Homo Sapiens gekickt hat, ist allerdings durch keine

Höhlenmalerei beurkundet. Man geht deshalb davon aus, dass der Neandertaler unseren direkten Vorfahren eher mit der Keule als mit dem Fußball begegnet ist.

Oft und gerne werden die Chinesen genannt, wenn es um die ersten Fußballspiele geht. Es gibt deutliche Hinweise, dass Huang-ti, der erste Herrscher Chinas, den Fußball bereits knapp 3.000 Jahre v. Chr. eingeführt hat. Das Spiel ts'uh kü (kü – der Ball; ts'uh – mit dem Fuß treten[1]) sollte seine Soldaten fit und agil halten. Im dritten Jahrhundert v. Chr. war Fußball dann längst keine militärische Übung mehr, sondern bereits Volkssport. Das erzählt jedenfalls ein altchinesischer Schriftsteller, der sogar so weit geht zu schreiben: »dass es in der Stadt Lin-Tsu niemanden gab, der sich nicht mit Hahnenkampf, Hunderennen oder Fußballspiel« beschäftigt habe.[2]

Genaue Regeln des altchinesischen Fußballspiels sind nicht überliefert. Erst aus der T'ang Dynastie (618 bis 906 n. Chr.) ist ein kompaktes Regelwerk des Fußballspiels überliefert. Darin sind bereits einige Parallelen zum modernen Spiel zu erkennen. Zwei Mannschaften, etwa zehn Mann stark, spielen auf zwei Tore. Wer mehr Tore schießt, gewinnt. Die Tore waren allerdings fünf Meter hoch. Über die Körpergröße und Sprungkraft der damaligen Torleute ist leider nichts überliefert. Aus einem Zitat des chinesischen Dichters Li Yu (50–136 n. Chr.) kann man schließen, dass das Fußballspiel damals einen ähnlich kultischen Status besaß, wie der moderne Fußball ihn heute fast überall auf der Welt genießt:

Rund der Ball, viereckig das Land,
gleich dem Bild von Himmel und Erde
Der Ball fliegt über uns wie der Mond
während sich zwei Mannschaften gegenüberstehen,
Spielführer sind ernannt und halten Platz
nach unveränderlichen Regeln.
Keinen Vorteil gibt es für Verwandte,
kein Platz ist für Parteilichkeit.
Dafür herrscht Entschluss und kaltes Blut
ohne jede Irrung und Unterlassung.
[…][3]

Die Sieger der chinesischen Fußballspiele wurden mit Pokalen und kostbaren Stoffen reich belohnt. Für die Verlierer gab es Beschimpfungen und im schlimmsten Fall auch Prügel. Ein Motivationsproblem dürften die damaligen Kicker in China also nicht gehabt haben. Etwa 900 n. Chr. verlieren die Chinesen das Interesse am Fußballspiel. Es taucht jedenfalls nicht mehr in den Überlieferungen auf.

Ebenfalls erfunden haben könnten die Maya und Azteken das Fußballspiel. Leider haben die spanischen Invasoren nicht darauf geachtet, genug einheimische Zeitzeugen am Leben zu lassen, so dass diese Theorie heute über keine größere Lobby mehr verfügt. Es sind jedoch noch sehr viele Ballspielfelder der Maya und Azteken erhalten.

Das am besten dokumentierte Spiel der Azteken ist das »Steißballspiel«. In diesem Spiel durfte der Ball nur mit der Hüfte, dem Steiß und dem Hintern getroffen werden. Das legt die Vermutung nahe, dass den Azteken

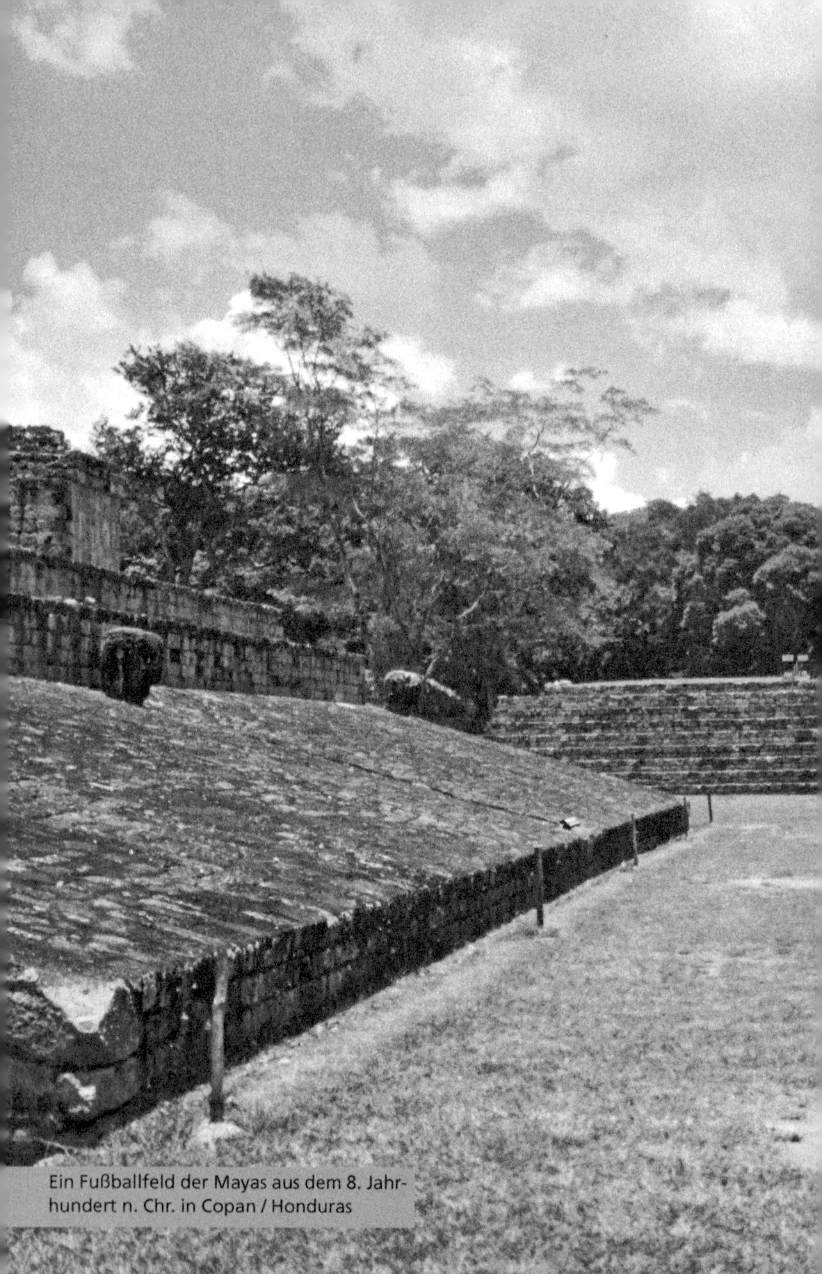

Ein Fußballfeld der Mayas aus dem 8. Jahrhundert n. Chr. in Copan / Honduras

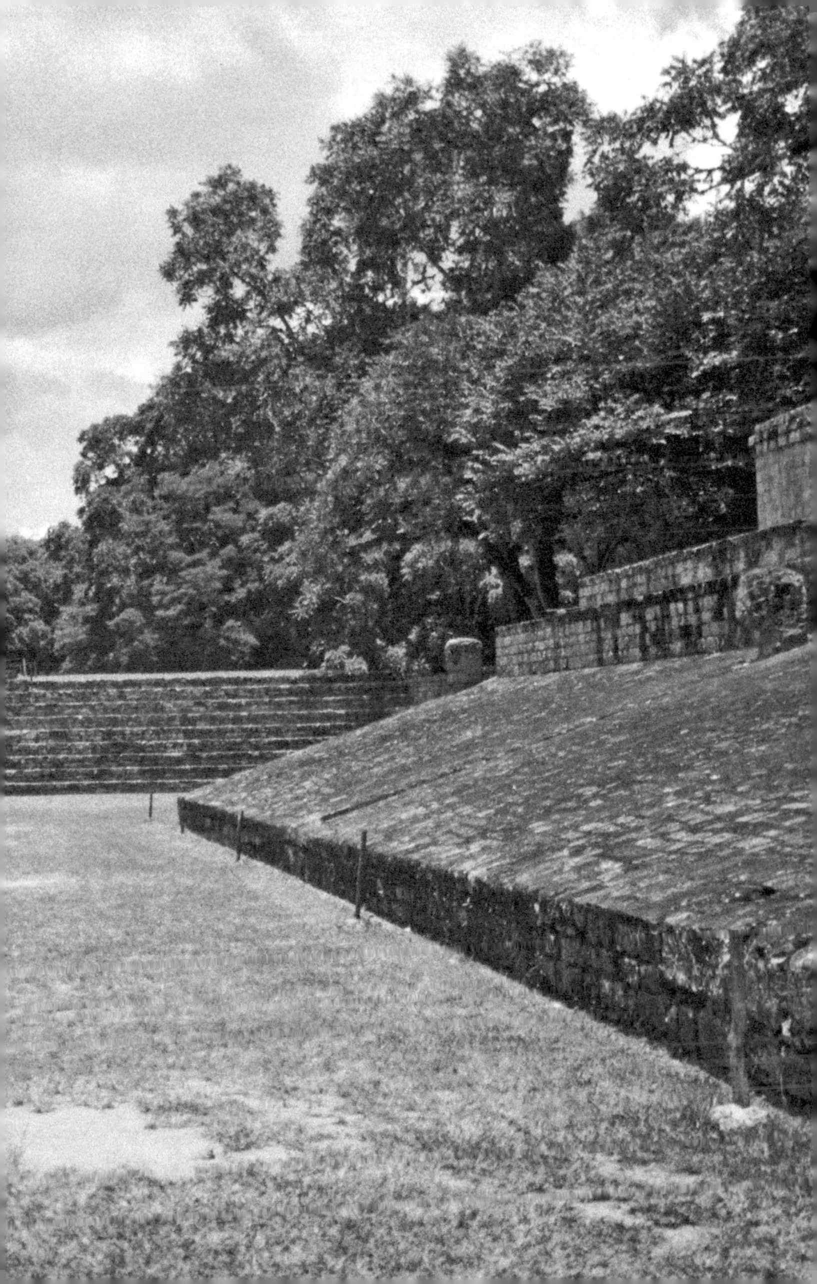

das Fußballspielen bereits bekannt war, aber schon zu einfach vorkam. Südamerikanische Ballzauberer eben. Steißball war ein Spiel, das extreme Körperfertigkeit und Fitness voraussetzte. Also war es eher nichts für ungeübte Amateure. Deshalb gab es damals bereits die ersten Profiballspieler. Nicht überliefert ist, ob diese auch lukrative Werbeverträge erhalten haben und ihren Namen permanent in Stein meißeln mussten.

Auch die antiken Griechen und Römer spielten bereits den Ball mit dem Fuß. Aber weder die Griechen noch die Italiener rufen deshalb: »Wir haben den Fußball erfunden«. Die Italiener tun dies nur, wenn sie auf den mittelalterlichen Calcio aus Florenz verweisen. Dieses Spiel wird etwa 1460 zum ersten Mal in Gedichten erwähnt. Auch heute noch ist die italienische Bezeichnung für Fußball Calcio. Das florentinische Spiel weist bereits eine Menge Parallelen zum heutigen Fußball auf, auch wenn Ähnlichkeiten zu Rugby und American Football überwiegen. Zwei Mannschaften stehen sich auf einem Spielfeld gegenüber. Eine Mannschaft besteht aus Angreifern, Verteidigern, Läufern und Zerstörern. Sinn und Zweck des Spiels ist es, den Ball über eine Linie am Kopfende des Spielfeldes zu befördern. Genau wie beim American Football also. Aber im Gegensatz zum Football war Ballspielen mit der Hand beim Calcio verpönt: Denn es ist eine dumme und unschöne Art Ihn (den Ball) mit der Hand zu werfen; [...]. Vor dem, der mit den Händen vorgeht, hüte man sich, denn er ist von schwacher Natur.[4]

Die Spieldauer betrug eine Stunde. Die Mannschaft, die den Ball am häufigsten über die gegnerische Linie beförderte, war der Sieger. Das berühmteste historische Calcio-Spiel fand 1530 in Florenz statt. Das besondere an dem Spiel war, dass Florenz zu dieser Zeit von den Truppen Karls V. belagert wurde. Den feindlichen Kanonen zum Trotz spielten die Florentiner Jugendlichen ihr Fußballspiel. Genutzt hat es im Endeffekt nichts, aber geärgert haben dürfte sich »Karl Fünf« schon mächtig, als er sich das Fußballspiel ansehen musste. Seit dem 400. Jubiläum dieses Spiels, also seit 1930, wird jedes Jahr ein Calcio auf dem historischen Spielfeld, der Piazza di Santa Croce gespielt. Die vier historischen Florentiner Stadtteile spielen hier den Sieger aus. Der Ehrgeiz zu gewinnen ist groß und hat zu immer extremerer Brutalität im Spiel geführt. Deshalb ist es seit 2008 verboten, Spieler mit Vorstrafen einzusetzen. Ob diejenigen Spieler, die sich noch nie haben erwischen lassen, weniger brutal zu Werke gehen, wird die Zukunft zeigen. Dass es sich beim Florentiner Calcio nicht um »Damenhalma« und bei der Teilnahme um eine freiwillige Leistung handelte, wusste schon 1688 der römische Dichter Giovanni Camillo Peresio. Dieser beschrieb dem Kardinal Francesco Maria den Florentiner Calcio:

»Nach Art des Spielmachers beim Calcio, der den Ball geschickt in luftiger Höhe hält, um die (Tor-)Jagd aufzumachen und voranzupreschen, so läuft darauf der feurige Läufer nach vorn. Aber der Zerstörer greift ohne Umschweif handgreiflich mit Schulterrammen und -drücken an, dass mehr als ein Stoß auf Kreuz oder Flanke niedergeht; Herr, jeder macht dies hier aus freien Stücken.[5]

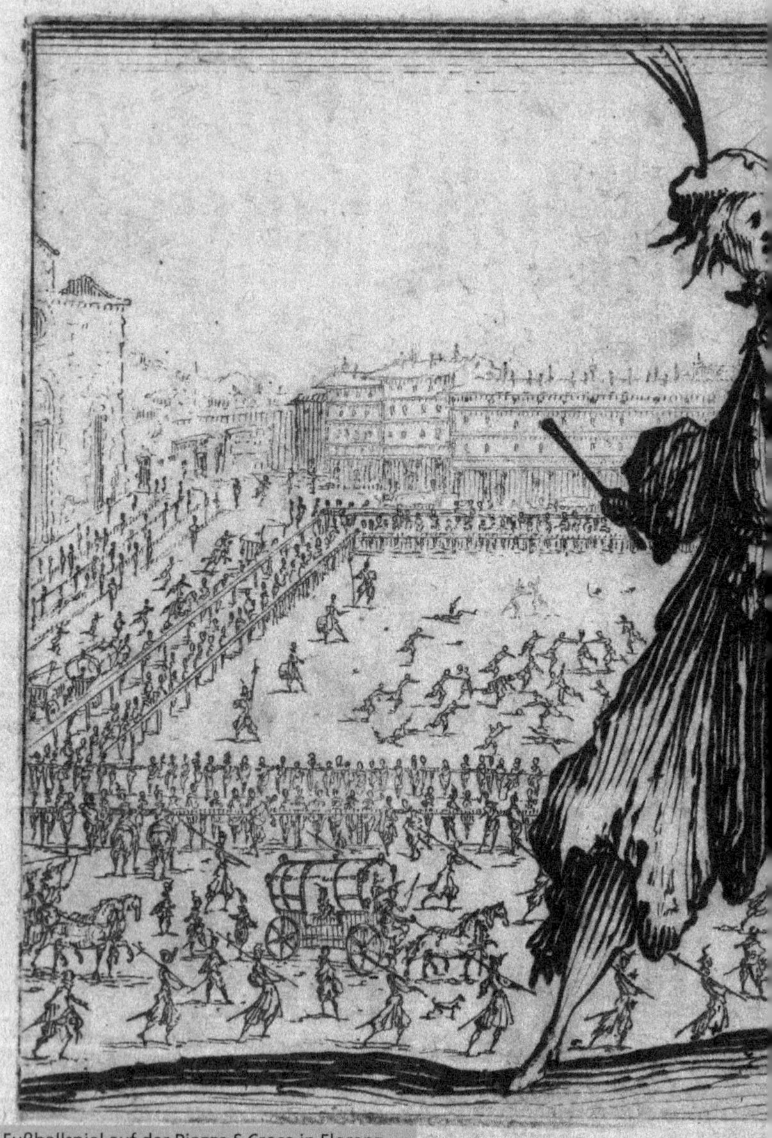

Fußballspiel auf der Piazza S.Croce in Florenz.
Radierung (o.J.) von Jacques Callot (1592–1635)

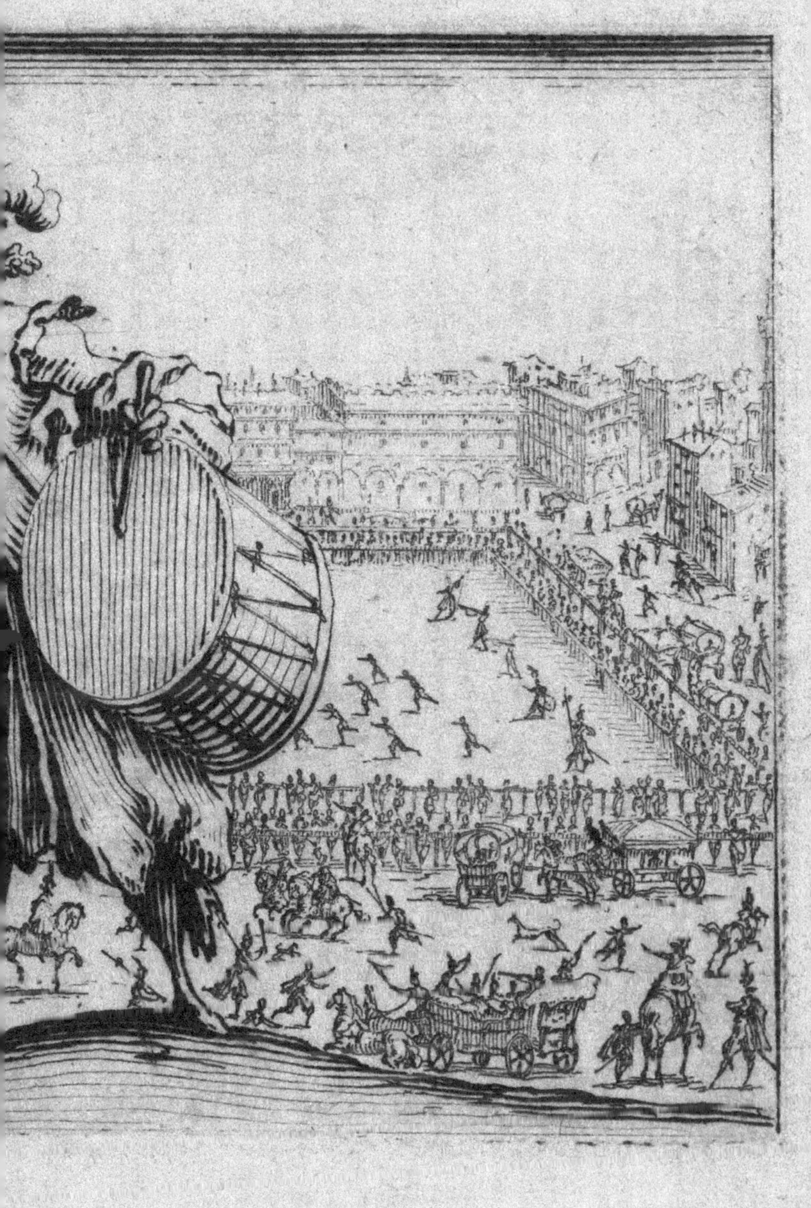

Die Italiener haben also auch ein bisschen den Fußball erfunden. Wie sieht es eigentlich mit den Deutschen aus? Haben nicht vielleicht unsere Vorfahren das Fußballspielen erfunden? Darauf gibt es leider nur eine Antwort: ein klares »Nein«. Aber immerhin: »Ball« ist ein Wort germanischen Ursprungs. Unsere Vorfahren spielten gerne und häufig Ball. Beispielsweise das heute kaum noch ausgeübte »Sauballspiel«. Auch wenn heute noch viele Fußballexperten den Deutschen vorwerfen, bei den Fußball-Weltmeisterschaften 1982 und 1986 mit einer Art Sauballspiel bis ins Finale gekommen zu sein …

Kommen wir also wieder zur Mutter der Fußballnationen – den Engländern. Hier ist Fußball seit dem Mittelalter bekannt und urkundlich erwähnt. Allerdings sind die ersten schriftlichen Erwähnungen keine Spielberichte. Vielmehr sind es königliche Erlasse, die das Fußballspielen verbieten. Und zwar unter Strafandrohung. Das erklärt sich, wenn man etwas spätere Urkunden wälzt, in denen auch das damalige Fußballspiel thematisiert wird. Hierbei handelt es sich in der Regel um Gerichtsakten. So »rannte« beispielsweise 1581 der Freisasse Roger Ludford während eines Fußballspiels lediglich »nach dem Ball mit der Absicht, ihn zu treten, woraufhin Nicholas Martyn ihn mit der rechten Faust und Richard Turvey mit der linken Faust jeder einen Schlag versetzten«. An den Folgen verschied der Freisasse dann leider innerhalb der nächsten Viertelstunde.[6] Ob der so teuer erkaufte Ballbesitz letztlich zum Sieg der Mannschaft der beiden Faustkämpfer führte, weiß man nicht. Aber an dieser und vielen weiteren Gerichtsakten lässt sich erkennen, dass es sich beim mittelalterlichen Volks-Fußballspiel oftmals um ein brutales Freizeitvergnügen gehandelt haben muss. Philipp Stubbes, ein puritanischer Pamphleteschreiber, sieht das 1583 übrigens genauso: »Der Fußball ist eher eine blutige, mörderische Beschäftigung, denn ein Spiel … Mal wird das Genick gebrochen, mal der Rücken, Arme oder Beine«.[7] Die vom Fußball und seinen wilden Keilereien genervte Obrigkeit forderte das Volk auf, an Festtagen besser nützlichen Hobbys wie Bogenschießen nachzugehen. Denn eine Truppe Bogenschützen waren dem König im nächsten Krieg lieber, als eine Horde wilder Volksfußballer. »Unnütze und wertlose Spiele wie Fußball« waren deshalb bei »Strafe der Einkerkerung« verboten.[8]

Genutzt haben diese ständig wiederkehrenden Verbote offensichtlich nichts. Nur so erklärt sich die permanente Wiederholung der einschlägigen Verbote. Fast jeder damals regierende König verfasste während seiner Amtszeit mehrere Erlasse wider den Fußball.

Feste und vor allen Dingen allgemein gültige Regeln gab es beim mittelalterlichen Fußball nicht. Oft standen sich an Feiertagen die Einwohner zweier Nachbarorte auf einer Wiese zwischen den Dörfern gegenüber. Es gab einen Ball. Und wer diesen Ball zuerst in das Stadttor des Nachbardorfes beförderte, war der Sieger. Weder die Anzahl der Mitspieler war festgelegt, noch gab es sonstiges störendes Regelwerk. Fairplay war auch noch nicht erfunden. So konnte sich eigentlich jeder Mitspieler am Ende als Sieger fühlen, der noch über alle Gliedmaßen verfügte.

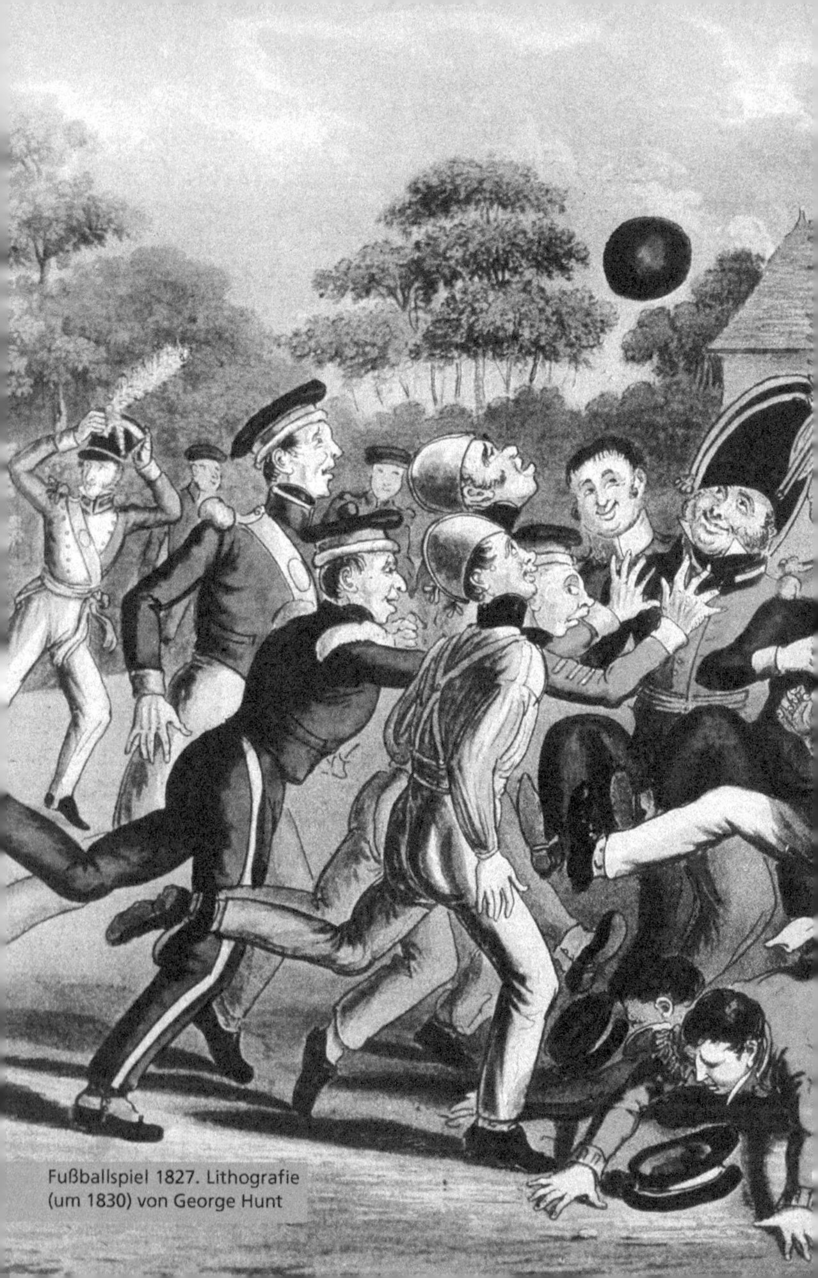

Fußballspiel 1827. Lithografie (um 1830) von George Hunt

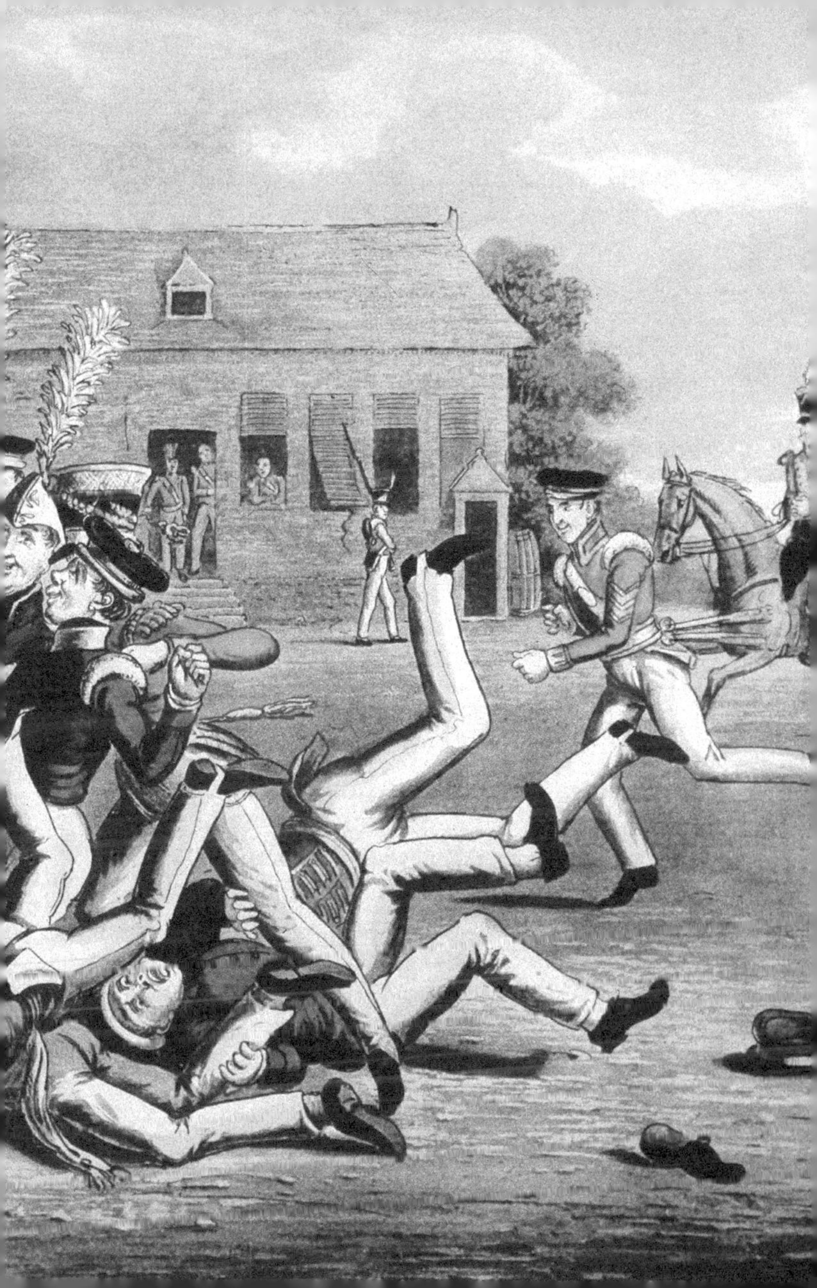

Das Spiel überdauerte unzählige Verbote und Jahrhunderte. Immer noch gab es keine verbindlichen Regeln für das Spiel. Anfang des 19. Jahrhunderts wurde Fußball oft und gerne an den Eliteschulen in England gespielt. Allerdings spielten die Schulen nicht nach allgemein gültigen Regeln, sondern es gab eine Vielzahl unterschiedlicher Fußballspiele.

An der Schule in Rugby entstand 1845/1846 eine merkwürdige Abart des Spiels. Hierin ist noch viel von der körperbetonten Spielweise des ursprünglichen Volksfußballs der Engländer enthalten. Zusätzlich kommen die Hände der Spieler zum Einsatz und das Tor befindet sich ohne Torwächter in schwindelerregender Höhe. Diese Variante, Rugby genannt, wird auch heute noch weltweit gespielt. In Südafrika, Neuseeland und den Fidschi-Inseln ist Rugby heute sogar beliebter als der »echte« Fußball.

1848 wurden in Cambridge die ersten Regeln des heutigen Fußballs festgelegt. Federführend war hierbei ein gewisser J.C. Thrings. Von ihm und seinem Bruder wird in diesem Buch später noch die Rede sein. 1849 gibt es ein Regelwerk in Eton, 1853 eines in Harrow. Es entstehen nach und nach Fußballvereine. Der FC Sheffield war 1857 der erste reine Fußballclub weltweit.

In der Freemason's Tavern, einem Pub in der Great Queen Street in London tat sich im Jahr 1863 Fußballhistorisches. Hier trafen sich Vertreter von Schulen und Fußballvereinen, um eine Vereinheitlichung des Spiels und seiner Regeln vorzunehmen. An sechs Kneipenabenden, zwischen Oktober und Dezember des Jahres, einigte man sich auf ein festes Regelwerk. Die Wurzeln des Fußballs liegen also in einem englischen Pub. Eventuell könnte das eine Erklärung für die hohe Affinität des modernen Fußballfans zur Kneipe sein. Außerdem gründeten die Teilnehmer der Kneipenabende den ersten Fußballverband der Welt – die Football Association, heute noch kurz FA genannt. Die US-amerikanische Bezeichnung Soccer für echten Fußball ist übrigens eine Abkürzung von associated football. Das Wort Fußball ist in den USA ja schon durch American Football belegt.

In den Anfängen ist der moderne Fußball in England des 19. Jahrhunderts – trotz seiner rauen Vorvergangenheit – eine Sportart der Eliteschüler. Ein Vergnügen der Reichen und Gebildeten. Man spielt zum Zeitvertreib und keinesfalls zum Broterwerb. Auch ein gewisses Bildungsniveau der Mitspieler war erwünscht oder sogar in den Vereinsregeln vorgeschrieben. Auch beim deutschen Renommierclub FC Bayern München war ein Abschluss der Mittelschule lange Zeit Pflicht für die Spieler. Ohne Änderung der Statuten hätte Gerd Müller seine Tore also woanders erzielen müssen. Es dauerte einige Jahrzehnte bis die Arbeiter den Fußball eroberten. Die wenige Freizeit eines englischen Arbeiters reichte nicht aus, um das Spiel auf dem Niveau der oberen Zehntausend zu spielen. Erst als sich mit Werksmannschaften reine Arbeitermannschaften bildeten, konnten diese ihr Niveau erhöhen. Schließlich war es schon damals für ein Unternehmen schick und von Vorteil, wenn es mit einer siegreichen Mannschaft werben konnte. Heute noch berühmte englische Fußballvereine waren Ende des 19. Jahrhunderts als Werksmannschaften gestartet. So war der glorreiche Verein Manchester United ehemals eine

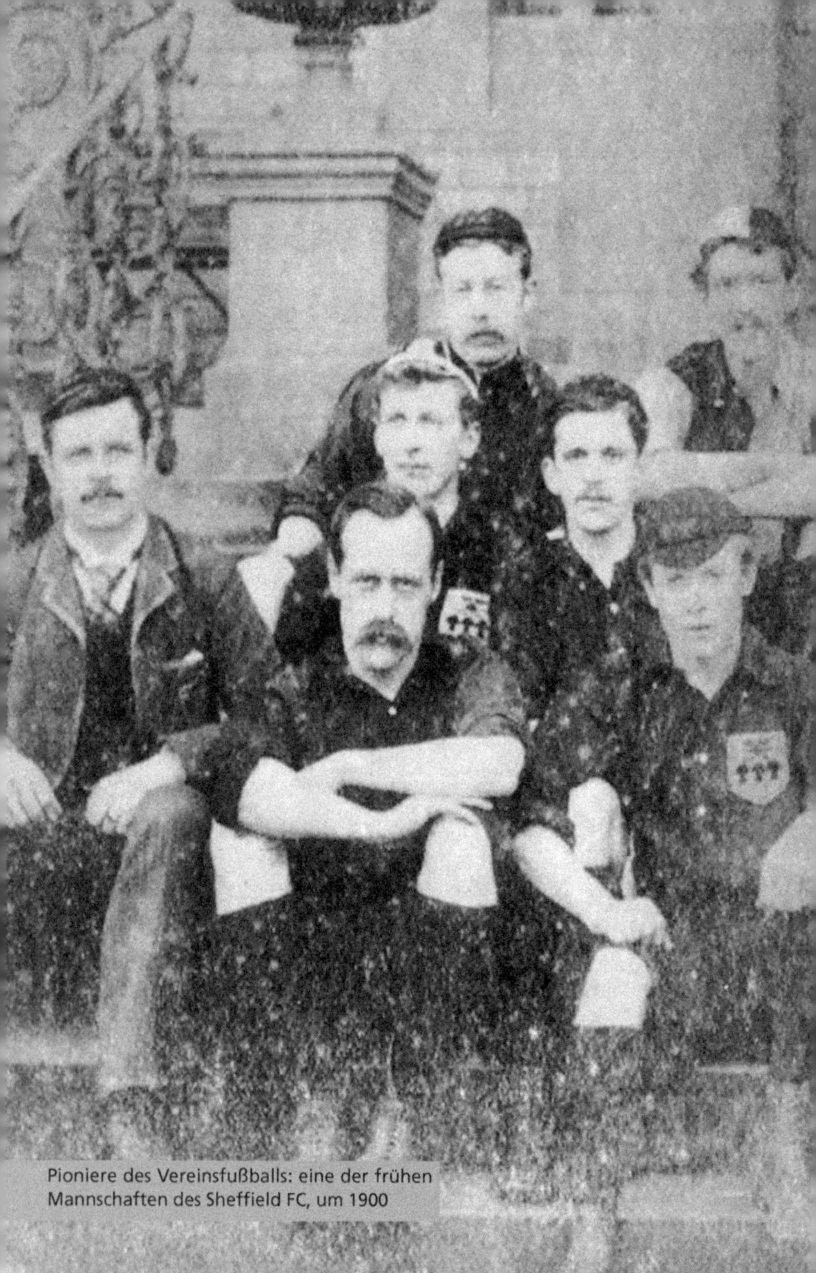

Pioniere des Vereinsfußballs: eine der frühen Mannschaften des Sheffield FC, um 1900

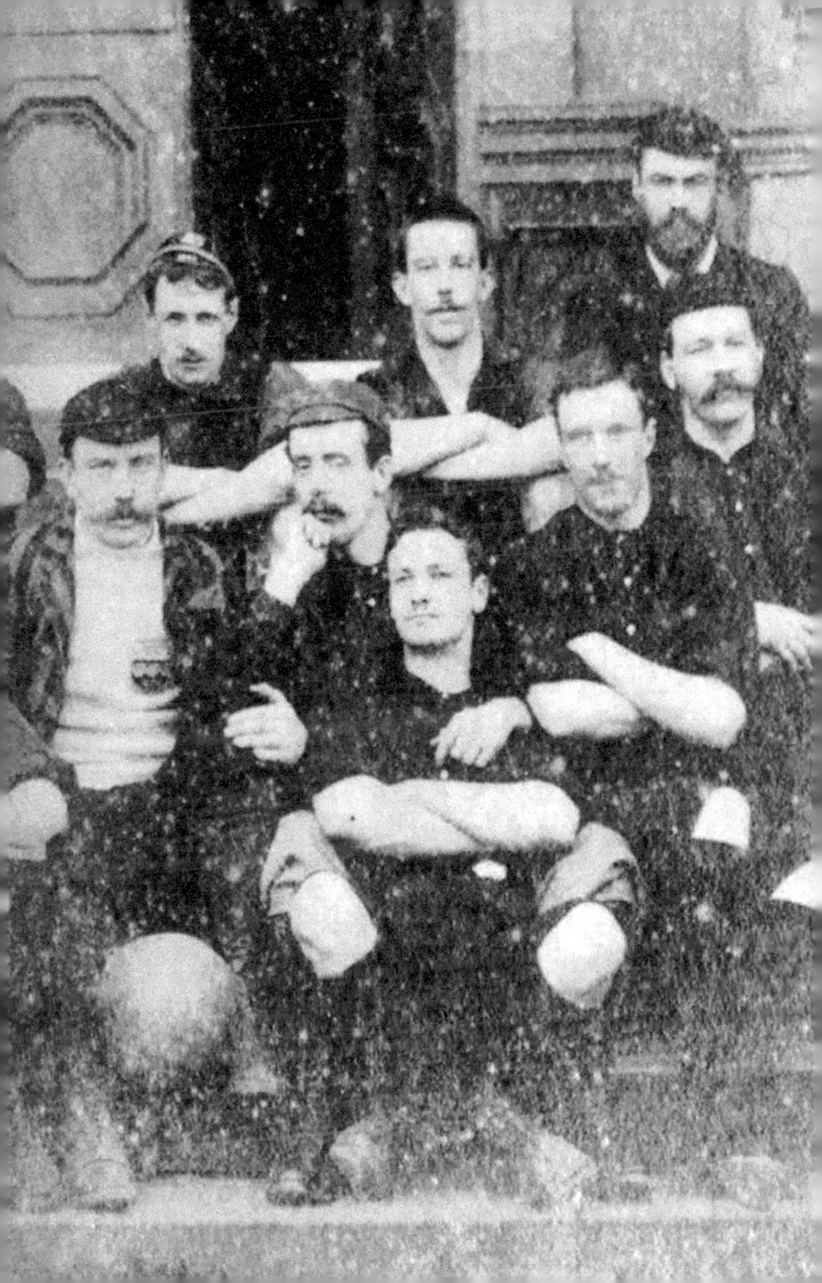

Mannschaft der englischen Eisenbahner. Durch seine Wurzeln als Werksmannschaft einer Munitionsfabrik erklärt sich, warum man die Kicker von Arsenal London noch immer als die »Gunners« bezeichnet.

Tägliches Training und Profitum lehnten die Mannschaften der Gentlemen aber durchweg ab. Sport war Spaß, war Spiel, war Vergnügen. Auch Ligaspiele und andere Wettkämpfe passten nicht ins vornehme Bild der Amateure aus Leidenschaft. Die berühmteste Gentlemen-Mannschaft, der Corinthians Football Club, nahm darum auch nie am FA Pokal oder dem Ligabetrieb teil. Ab und an wurde jedoch der FA-Cup Gewinner von den Corinthians in einem Freundschaftsspiel gedemütigt. 1884 schlugen die Gentlemen-Amateure die Blackburn Rovers mit 8:1. Auch 1903 reichte es noch zu einem 6:1 gegen den damaligen FA Cup Sieger, den FC Bury. In späteren Jahren lassen sich die Profimannschaften dann aber nicht mehr vorführen.

Dass die Corinthians eine andere Fußballphilosophie verfolgten als heutige Profigenerationen, zeigt ein Beispiel ganz deutlich. Als 1891 der Elfmeter als Strafe für absichtliches Faulspiel im Strafraum eingeführt wurde, weigerten sich die Corinthians, diese Regel anzuwenden. Gab ihnen der Schiedsrichter einen Strafstoß, schossen sie ihn absichtlich daneben. Gab es Elfmeter gegen sie, stellten sie keinen Torwart ins Tor. Für die Gentlemen, die den Fußball zwar hart spielten, war es trotzdem unvorstellbar, einen Gegenspieler absichtlich zu faulen. Das widersprach ihrem Verständnis von Fairplay. Diese Regel fanden sie schlicht absurd. Hätten sie damals gewusst, dass sich zukünftige Generationen von Fußballern rei-

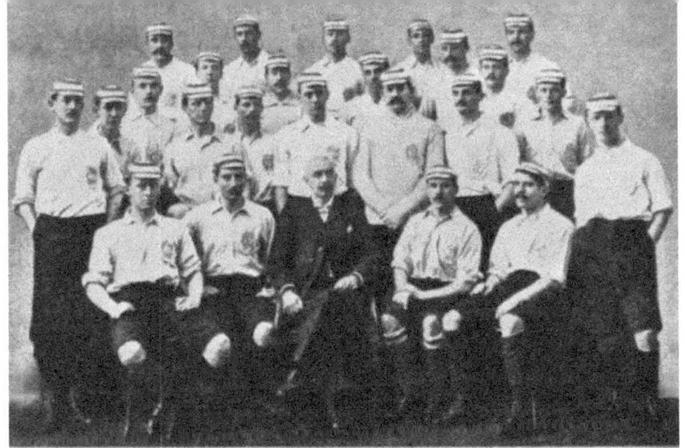

Der Gentlemens-Club: Die Corinthians, einer der frühen englischen Clubs, interpretierten Fußball auf die feine englische Art, Foto von 1897

henweise absichtlich hinfallen lassen würden, um einen Elfmeter zu schinden, sie hätten ihre Fußballschuhe augenblicklich an den Nagel gehängt.

Um jetzt wieder auf die Frage: »Wer hat's erfunden?« zurück zu kommen, muss man wohl mangels Gegenbeweisen neidlos sagen: Die Engländer waren es. Sie haben den Fußball erfunden. Tausende von Jahren vorher wurde zwar schon viel mit Füßen gegen Bälle getreten. Aber die Ähnlichkeit der Spiele mit dem heutigen Fußball war entweder nicht sehr groß, oder sie ist mangels zeitgenössischer TV-Aufzeichnungen heute nicht mehr nachzuweisen. Ob man die Geburtsstunde des Fußballs nun auf 1848 datiert, als in Cambridge erste Regeln schriftlich fixiert wurden oder eher 1863, mit Gründung der FA, ist Ansichtssache. Echte Fußballfans feiern ohnehin jedes Jubiläum mit: das erste

Aufpumpen eines Balles, der erste Fallrückzieher, das erste Kopfballtor, der erste Einwurf, der erste Eckball – jedes Ereignis ein Festtag für sich. 365 Tage im Jahr – ein Anlass findet sich immer. Man muss nur lange genug suchen …

Von England aus verbreitete sich der Associated Football dann recht zügig in die ganze Welt. In Deutschland brach 1875 Konrad Koch, ein Lehrer aus Braunschweig, eine erste Lanze für den Fußballsport. Er verfasste die Regeln des Fußballspiels in deutscher Sprache. Im gleichen Jahr tourte eine Fußballmannschaft aus Oxford durch Deutschland. Man darf vermuten, dass es sich hierbei um ein sportliches Entwicklungshilfeprojekt handelte. Ähnlich wie ca. 100 Jahre später die Harlem-Globetrotters aus den USA, mit ihren Gastspielen versuchten, die Sportart Basketball in Deutschland zu etablieren. Es dauerte von hier an aber noch fünf Jahre, bis in Deutschland 1880 der erste deutsche Fußballverein gegründet wurde, der Bremer FC.

Nach und nach kamen weitere Fußballvereine hinzu. Bis zur Gründung eines nationalen Fußballverbandes in Deutschland dauerte es noch bis in das Jahr 1900. Im Januar des Jahres wurde in Leipzig der Deutsche Fußball Bund, DFB, ins Leben gerufen. Und wo gründet man bekanntlich erfolgreiche Fußballverbände? Richtig, in einer Kneipe. Die Gründung des DFB fand in der Leipziger Gaststätte »Mariengarten« statt. Anwesende Gründungsmitglieder waren 86 Vertreter von Fußballvereinen. Heute sind dem DFB ca. 26.000 Vereine angeschlossen, mit mehr als 180.000 Mannschaften und ca. 6,5 Millionen Mitgliedern.[9]

Nicht alle erfolgreichen Fußballverbände wurden im Übrigen in Kneipen gegründet. Der Welt Fußballverband, FIFA (Fédération Internationale de Football Association), entstand im Jahr 1904 in Paris, im Hinterhaus eines französischen Sportverbandes. Am 21. Mai des Jahres waren Vertreter aus Schweden, Dänemark, den Niederlanden, der Schweiz, Spanien, Belgien und Frankreich anwesend. Die als führend geltenden Engländer hatten es nicht für nötig befunden, an dem Treffen teilzunehmen. Zu unwichtig erschien ihnen der kontinentale Fußball zu dieser Zeit. Der Deutsche Fußballbund, DFB, nahm zwar nicht am ersten Treffen teil. Jedoch meldete sich Deutschland noch am Gründungstag per Telegraf bei der FIFA an. Bei 50 Franc Jahresbeitrag riskierte man finanziell nicht allzu viel mit der FIFA-Mitgliedschaft.

Ab dem Jahr 1903 wurde in Deutschland eine nationale Fußballmeisterschaft ausgespielt. Der erste deutsche Fußballmeister der Geschichte war der VfB Leipzig. Er schlug in Altona den DFC (Deutscher Fußball-Club) Prag mit 7:2. Heute fährt die Fußball-Lokomotive in Leipzig etwas langsamer. Von der nächsten deutschen Meisterschaft ist man dort (noch) weit entfernt.

Im Jahr 1922 findet sich in den Listen des DFB dann kein deutscher Fußballmeister. Was war denn da los? Gespielt wurde schließlich in diesem Jahr. Bis in das Finale in Berlin hatten es der HSV und der 1. FC Nürnberg geschafft. Das erste Finale endete 2:2 nach gespielten 189 Minuten. Der Schiedsrichter beendete die Partie, offiziell wegen der einsetzenden Dunkelheit. Laut »Kicker«-Artikel vom 22. Juni 1922 lag es aber auch daran, dass »die verschiedenen Verlängerungen von 22 Leuten durchgefochten werden mußten, die bereits seelisch zermürbt und zum größten Teil körperlich verletzt waren«.[10] Ja, damals gab es noch keine Auswechselspieler und die Betreuer, die heute Physiotherapeuten heißen, waren damals noch Klempner oder Briefträger. Das Wiederholungsspiel ging nach dem regulären 1:1 ebenfalls in die Verlängerung. Auch hier fiel kein Tor. Dafür fielen Nürnberger Spieler reihenweise um, aus und auf. Zwei Nürnberger mussten körperlich verletzt vom Spielfeld. Zwei weitere Nürnberger wollte der Schiedsrichter nicht mehr mitspielen lassen. Er zeigte ihnen die rote Karte. Als nur noch sieben Nürnberger gegen elf Hamburger spielten, beendete der Unparteiische das Spiel. Eine rote Karte zu früh, wie sich hinterher herausstellte. Erst wenn »weniger als sieben Spieler« einer Mannschaft auf dem Platz stehen, ist ein Spiel zu beenden. Der DFB setzte eine dritte Partie an, zu der der HSV aber keine Lust mehr hatte. Man fühlte sich bereits als deutscher Meister und wollte dieses gute Gefühl nicht durch eine Niederlage gefährden. Jedenfalls ist für die Saison 1921/1922 kein deutscher Meister in den Fußball-Annalen zu finden. Ein bislang einmaliges Erlebnis. Zumindest in einem Jahr, in dem eine Meisterschaft ausgespielt wurde. 1945 bis 1947 gab es ebenfalls keinen deutschen Meister. Aber in der Zeit, kurz nach dem Zweiten Weltkrieg, hatten fast alle Deutschen andere Sorgen, als Fußball zu spielen oder Fußball anzuschauen. Noch vor dem Krieg, nämlich 1930, veranstaltete die FIFA erstmals eine Weltmeisterschaft. In Europa herrschte zu der Zeit eine ausgewachsene Wirtschaftskrise. Viele europäische Verbände scheuten deshalb aus Kostengründen die lange Reise. Damals wie heute wollten die Vereine nicht wegen eines Turniers auf ihre besten Spieler verzichten. Natürlich auch, weil es sich – mit Schiffsanreise, Turnier und Schiffsrückreise – um eine zwei Monate lange Vereinsabstinenz der Stars handelte. Mit Frankreich, Rumänien, Jugoslawien und Belgien nahmen deshalb nur vier europäische Länder an der ersten Fußball-WM teil. Weltmeister wurde der Gastgeber aus Uruguay. Man nahm den Europäern die vielen Absagen aber derart übel, dass Uruguay 1934 zur Weltmeisterschaft in Italien nicht antrat. Das war das einzige Mal in der Geschichte der WM, dass ein Weltmeister nicht zur Titelverteidigung angetreten ist.

In Europa gab es ab dem Jahr 1927 den Mitropacup. Mitropa war eine Abkürzung von Mitteleuropa. Dies war der erste europäische Pokal für Vereinsmannschaften und gilt heute als der Vorgänger des Europapokals. Im Gründungsjahr nahmen Pokalsieger und Meister aus vier Ländern – Österreich, Ungarn, Jugoslawien und der Tschechoslowakei – an dem Wettbewerb teil. Jahr für Jahr kamen weitere Nationen hinzu. Das Wachstum wurde erst gestoppt, als Deutschland Gründungsmitglied Österreich 1938 annektierte. Mit dem Zweiten Weltkrieg fand der Pokal dann sein vorläufiges Ende. Die Endspiele 1940 wurden gar nicht mehr ausgetragen. Ab der Saison 1955/56 veranstaltete die UEFA den Europapokal der Landesmeister. Dieser Pokal heißt seit 1992 Champions League.

Im Jahr 1963, also genau 100 Jahre nach der Gründung des ersten Fußballverbandes, der FA, war es so weit: Die Fußball-Bundesliga startete. Die Samstag-

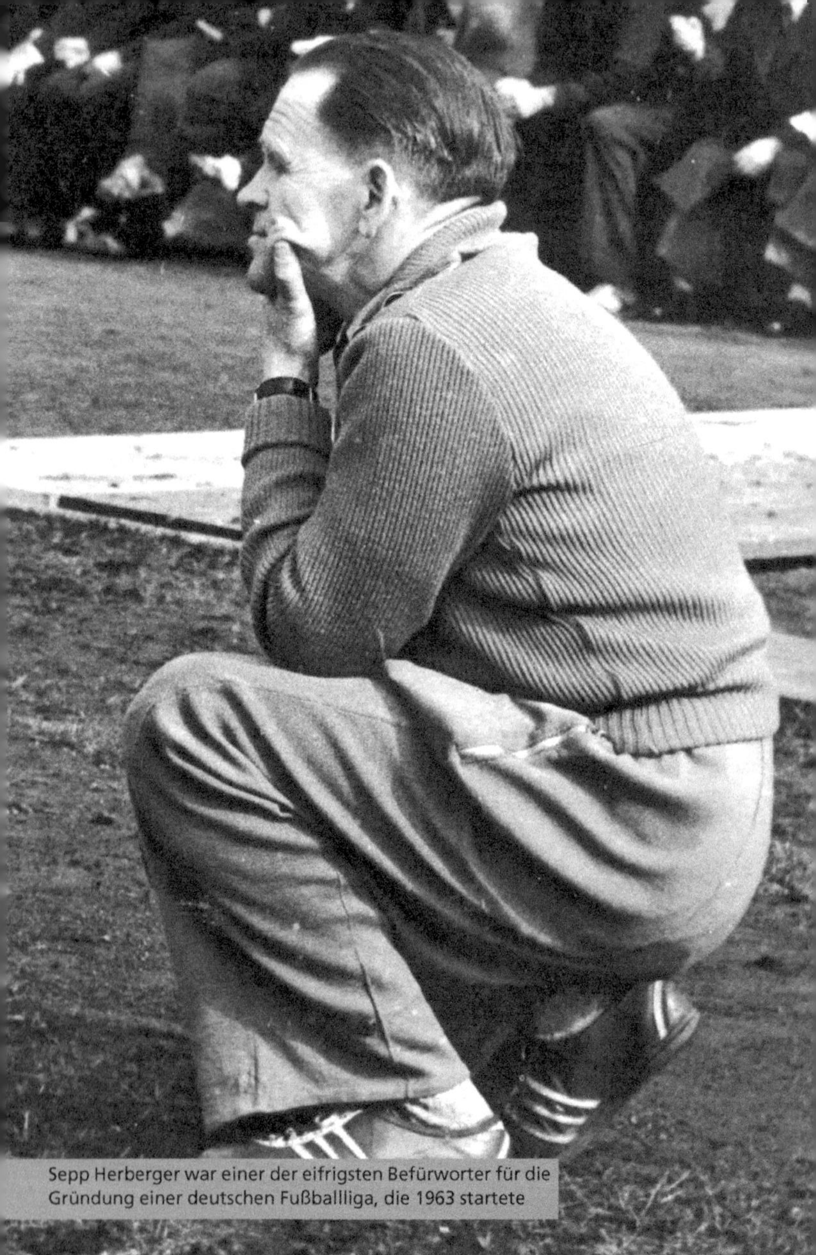

Sepp Herberger war einer der eifrigsten Befürworter für die Gründung einer deutschen Fußballliga, die 1963 startete

Nachmittage deutscher Männer erhielten endlich einen tieferen Sinn bzw. eine spirituelle Erhöhung. Gleichzeitig wurden aus den Halbamateuren der bisherigen Oberligen Profifußballer. Auf die Gründung einer Profiliga hatten viele Fachleute gedrängt. Die Wettbewerbsfähigkeit des deutschen Fußballs sollte erhöht oder wieder hergestellt werden. Einer der eifrigsten und auch prominentesten Fürsprecher hatte die Fußball Bundesliga in Sepp Herberger, dem Erfinder des Phrasenschweins. Von den 16 Gründungsmitgliedern ist einzig und allein der Hamburger Sportverein permanentes Mitglied in der ersten Liga. Die anderen Vereine besuchten allesamt mindestens für ein Jahr die 2. Bundesliga.

Der erste deutsche Meister der Bundesligageschichte war der 1.FC Köln. Die ersten beiden Absteiger hießen 1. FC Saarbrücken und Preußen Münster. Für die Münsteraner war es das bislang auch an Erst-Bundesligapartien. Wenn sich nicht ein Münsteraner Fahrradmilliardär des Vereins annimmt, wird sich daran wohl auch so schnell nichts ändern.

Erst im Jahr 1965 griff dann der heutige Serienmeister in das Bundesligageschehen ein. Bayern München verlor sein allererstes Bundesligaspiel ausgerechnet gegen den Lokalrivalen 1860 München mit 0:1. Bei den Bayern waren immerhin schon drei spätere Fußballlegenden auf dem Platz: Sepp Mayer, Franz Beckenbauer und Gerd Müller zeichneten für die erste Bundesligapleite der Bayern-Historie mitverantwortlich. An einem Heimvorteil konnte es damals nicht gelegen haben. Beide Vereine spielten ihre Heimspiele im Grünwalder Stadion aus, das später nur noch von 1860 genutzt wurde. Die dann schon noblen Bayern waren in das neue Olympiastadion umgezogen.

1966 wurde dann noch mal eine neue Art Fußballtor erfunden. Das Wembley-Tor. Und wer hat's erfunden? Na klar, ein Schweizer. Und wer hat's geschossen? Natürlich ein Engländer. Im Finale der Weltmeisterschaft im Londoner Wembleystadion standen sich Deutschland und England gegenüber. Nach der regulären Spielzeit stand es 2:2. Es gab Verlängerung. In dieser Nachspielzeit schoss Geoff Hurst den Ball an die Unterseite der Latte. Von dort sprang der Ball auf die Torlinie und wieder von dort auf das Spielfeld zurück. Es war also nichts passiert. Nichts, oder doch?

Doch. Der Schweizer Schiedsrichter, Gottfried Dienst, zeigte nach Rücksprache mit seinem Linienrichter in Richtung Anstoßpunkt. Er stellte sich in den Dienst der englischen Sache und entschied auf Tor für England. Vielleicht hatte er eine ordentliche Wette auf einen Sieg Englands am Laufen? Das ist aber reine Spekulation. Jedenfalls durften die Engländer auch noch das 4:2 schießen. Dieses hätte wiederum nicht gelten dürfen. Zum Zeitpunkt des Torschusses waren bereits einige Zuschauer auf dem Spielfeld, um die vermeintlich schon gewonnene Weltmeisterschaft für England zu feiern.

Zum Feiern war an anderer Stelle Borussia Mönchengladbach in der Saison 1970/71 erst mal nicht zumute. Und zwar, weil ein Tor gefallen war. Naja, werden Sie sagen, im Fußball fällt schon mal ein Tor. Aber in diesem Fall war das Tor tatsächlich in sich zusammengefallen. Nach Flanke von Günter Netzer verpasste der Gladbacher Herbert Laumer den Ball. Stattdessen fiel er ins Tor. Als er sich am Tornetz festhielt, um sich wieder aufzuraffen, fiel das Tor in sich zusammen. Nach längeren Diskussionen und Versuchen, das Tor wieder in einen spielbaren Zustand zu versetzen, beendete der Schiedsrichter das Spiel beim Stand von 1:1. Drei Wochen später wertete der DFB das Spiel dann mit 2:0 zu Gunsten von Werder Bremen. Späte Genugtuung für die Gladbacher war es, dass sie am Ende der Saison trotzdem deutscher Meister geworden sind. Sie waren halt in bestechender Form zu der Zeit.

In bestechlicher Form zeigten sich in dieser Saison andere Vereine. Nachweislich wurden 18, den Abstieg entscheidende Spiele gegen Ende der Saison verschoben. Spieler und Torleute verkauften für Geld ihre Einsatzbereitschaft. Ob es nicht noch mehr Spiele waren, kann vermutet werden, ist aber nicht zu belegen. Involviert waren zehn der 18 Bundesligisten: Arminia Bielefeld, FC Schalke 04, Kickers Offenbach, 1. FC Köln, Hertha BSC Berlin, Eintracht Braunschweig, VfB Stuttgart, Rot-Weiß Oberhausen, Eintracht Frankfurt und der MSV Duisburg. Rot-Weiß Essen beteiligte sich nicht an den Bestechungen. Der Verein, der acht Spieltage vor Schluss noch komfortable vier und fünf Punkte Vorsprung hatte auf Offenbach, Bielefeld, Frankfurt und Oberhausen, stieg am letzten Spieltag mit vier bis sechs Punkten Rückstand auf die genannten Vereine ab. Bei der damaligen Zweipunkteregel ein unglaublicher Vorgang. Trotz nachgewiesener Bestechlichkeit der Konkurrenz musste Essen in die zweite Liga gehen. Zwangsweise begleitet von Bielefeld und

Offenbach. Die Offenbacher hatten sich zwar genug Punkte gekauft, um nicht absteigen zu müssen. Aber man hatte sich wohl zu wenig um die Vertuschung der Geschichte gekümmert.

Wenig bestochen, aber dennoch als Deppen aus dem Skandal hervorgegangen, war der FC Schalke 04. Die Spieler hatten sich das erste nachgewiesene Spiel abkaufen lassen. Am 28. Spieltag verlor Schalke 0:1 gegen Arminia Bielefeld. 40.000 schlappe Märker kostete dieser Sieg die Bielefelder damals. Die nächsten Spielverschiebungen kosteten da schon ein Vielfaches dieser Summe. Aber der größte Fehler, den die Schalker Spieler machten, war es, einen Eid zu leisten, dass es keine Bestechung gegeben hatte. Da dieser Eid kein echter Eid, sondern ein Meineid war, hatte Schalke 04 schon bald einen neuen Spottnamen weg: FC Meineid 04. Gestandene Spieler wie Reinhard »Stan« Libuda, Klaus »Fallrückzieher« Fischer, Klaus »Tanne« Fichtel und Rolf »Wenn wir nicht gewinnen, dann treten wir ihnen wenigstens den Rasen kaputt« Rüssmann waren bereit, für relativ kleines Geld, die Füße etwas früher aus der Gefahrenzone zu ziehen.

Apropos kleines Geld: Im Zuge des Bundesligaskandals wurde die bis dahin geltende Gehaltsobergrenze von 1.200 DM pro Spieler im Monat aufgehoben. Für die Spieler der Bundesliga hatte sich der Bestechungsskandal finanziell also sogar ausgezahlt. Dafür fühlte sich das zahlende Publikum veralbert. In den nächsten beiden Spielzeiten gingen die Zuschauerzahlen spürbar zurück. Erst die Weltmeisterschaft im eigenen Land, im Jahr 1974, konnte den Negativtrend stoppen. Wegen dieses Termins, so wird gemutmaßt, wurde die Bestechungsaffäre auch nicht bis ins letzte Detail aufgeklärt. So kurz vor der WM wollte man in Deutschland nicht permanent mit negativen Schlagzeilen Antiwerbung für das Ereignis machen.[11]

Dann kam die WM im eigenen Lande und mit ihr der Regen. Die Veranstaltung war kein großer Publikumserfolg. Kein Vergleich zu dem Ereignis im Jahr 2006. Das Wetter spielte, mit Ausnahme des Finales, nicht mit. Es regnete beinahe durchgehend. Und wegen Angst vor Terrorismus waren die Sicherheitsvorkehrungen auch extrem und für die Stimmung hinderlich. Aber nach den schlimmen terroristischen Ereignissen bei den olympischen Spielen in München, zwei Jahre zuvor, wollte man dieses Ereignis terrorfrei über die Bühne bringen. Was zum Glück auch gelang. Deutschland West startete recht holprig in das Turnier. Man blamierte sich gegen Deutschland Ost mit einer 0:1 Niederlage und dem damit verbundenen 2. Platz in der ersten Finalrunde. Dann zog jedoch der »Geist von Malente« in das deutsche Quartier ein. Denn geistfrei wird man wohl nicht Weltmeister. 20 Jahre vorher hatte noch der »Geist von Spiez« für den Titelgewinn gesorgt. Deutschland wurde also mit Geisteshilfe immer besser und spielte sich relativ souverän bis in das Endspiel. Dort trafen die Kicker um Kapitän Franz Beckenbauer dann auf die Niederlande. Deren Kapitän, Johann Cruyff, galt als der beste Spieler der Welt. Er konnte das aber nicht belegen an diesem 7. Juli 1974. Deutschland gewann gegen die Holländer mit 2:1 und Franz Beckenbauer gegen Cruyff das Duell um die Ehre des weltbesten Kickers.

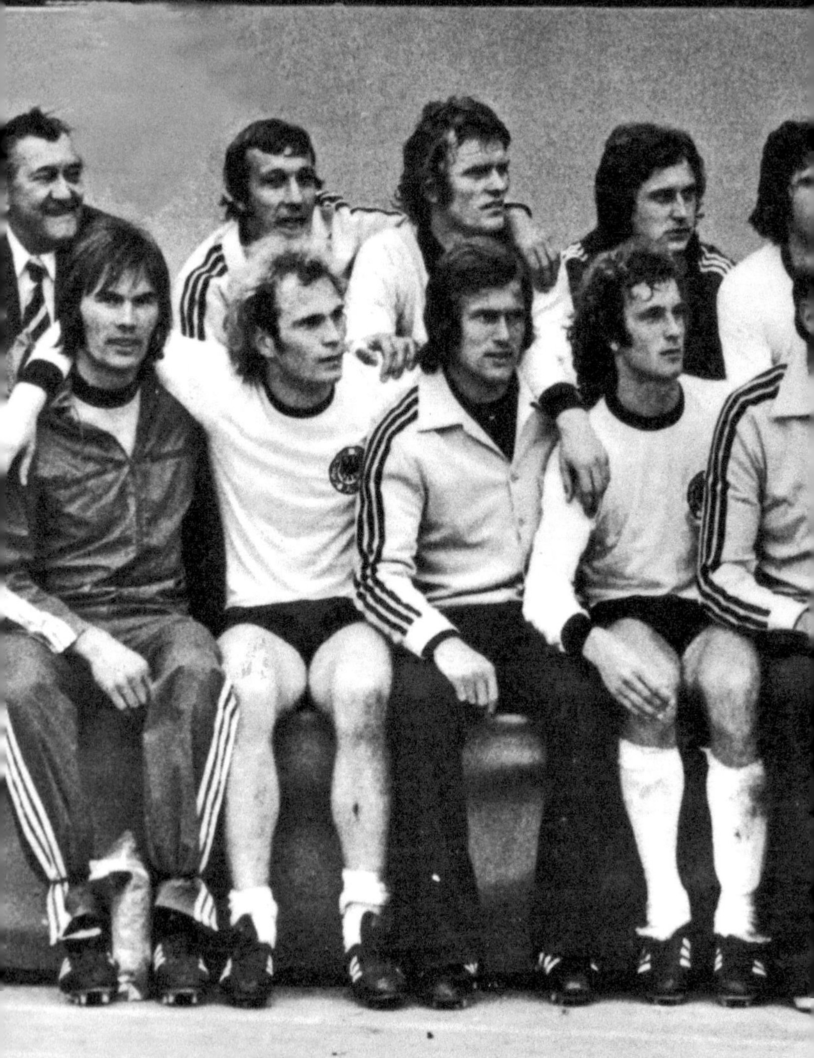

Die deutsche Fußballnationalmannschaft
mit dem Weltmeisterpokal 1974

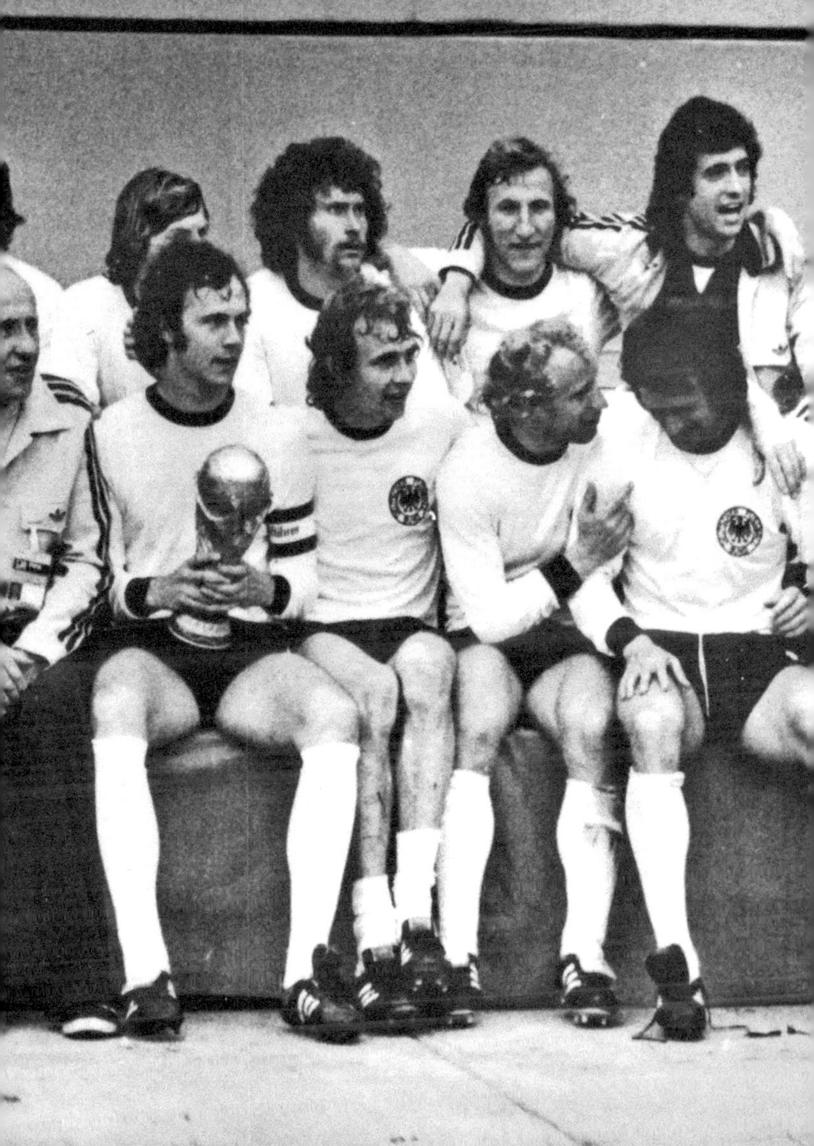

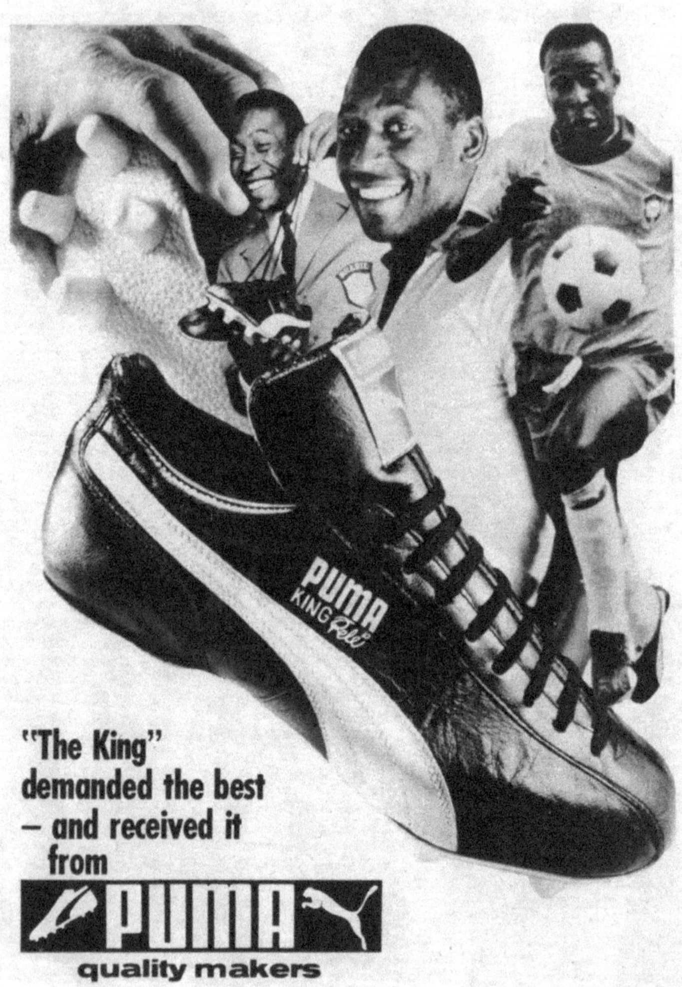

Der Brasilianer und dreifache Weltmeister Pele wurde zum besten Fußballer des 20. Jahrhunderts gewählt

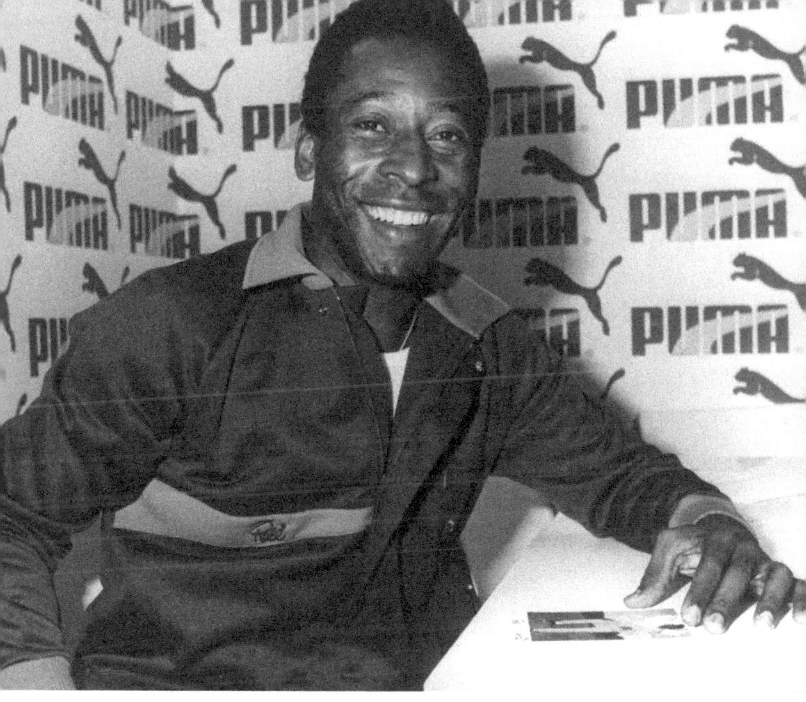

Zur Abrundung gehören am Ende noch die besten Fußballer des 20. Jahrhunderts: Zum besten Fußballer des 20. Jahrhunderts wurde der Brasilianer Pele von der FIFA gewählt. Er ist der einzige Spieler, der dreimal Weltmeister geworden ist. Er schoss 1.283 Tore in 1.363 Spielen. Davon 77 Tore in 92 Länderspielen für Brasilien.

Zweitbester wurde Johann Cruyff, dieses Mal wieder einen Platz vor Franz Beckenbauer rangierend. Der fünftbeste Spieler des 20. Jahrhunderts der FIFA-Rangliste war Diego Armando Maradona. In einer gleichzeitig durchgeführten Internetbefragung war Maradona der beste Spieler des 20. Jahrhunderts. Aber es war wohl FIFA-politisch nicht gewünscht, den exzentrischen zweifachen Weltmeister zum Besten der Besten zu küren. Immerhin war er durch Doping- und Drogen-Konsum kein so schillerndes Vorbild für die Jugend der Welt wie Pele. In England erfreut sich Maradona noch heute besonders großer Unbeliebtheit. Er hatte bei der WM 1986 im Viertelfinale gegen England ein Tor mit der Hand erzielt. Der Schiedsrichter hatte das aber übersehen und gab das Tor. Damit nicht genug. Nach dem Spiel erklärte Maradona, da sei wohl »die Hand Gottes« im Spiel gewesen. England verlor das Spiel 1:2, weil Maradona im gleichen Spiel noch ein Tor erzielte. Da er dabei beinahe über den kompletten Platz lief und die Engländer umdribbelte wie die Torpfosten, wurde dieses Tor dann auch noch zum schönsten Tor der Geschichte der Fußball-WM gewählt. Engländer, die Erfinder des Spiels, hatten da sicher nicht mitgewählt. Da hätte man im Königreich wohl lieber gegen Schnaps trinkende und Pfeife rauchende Franzosen verloren ...

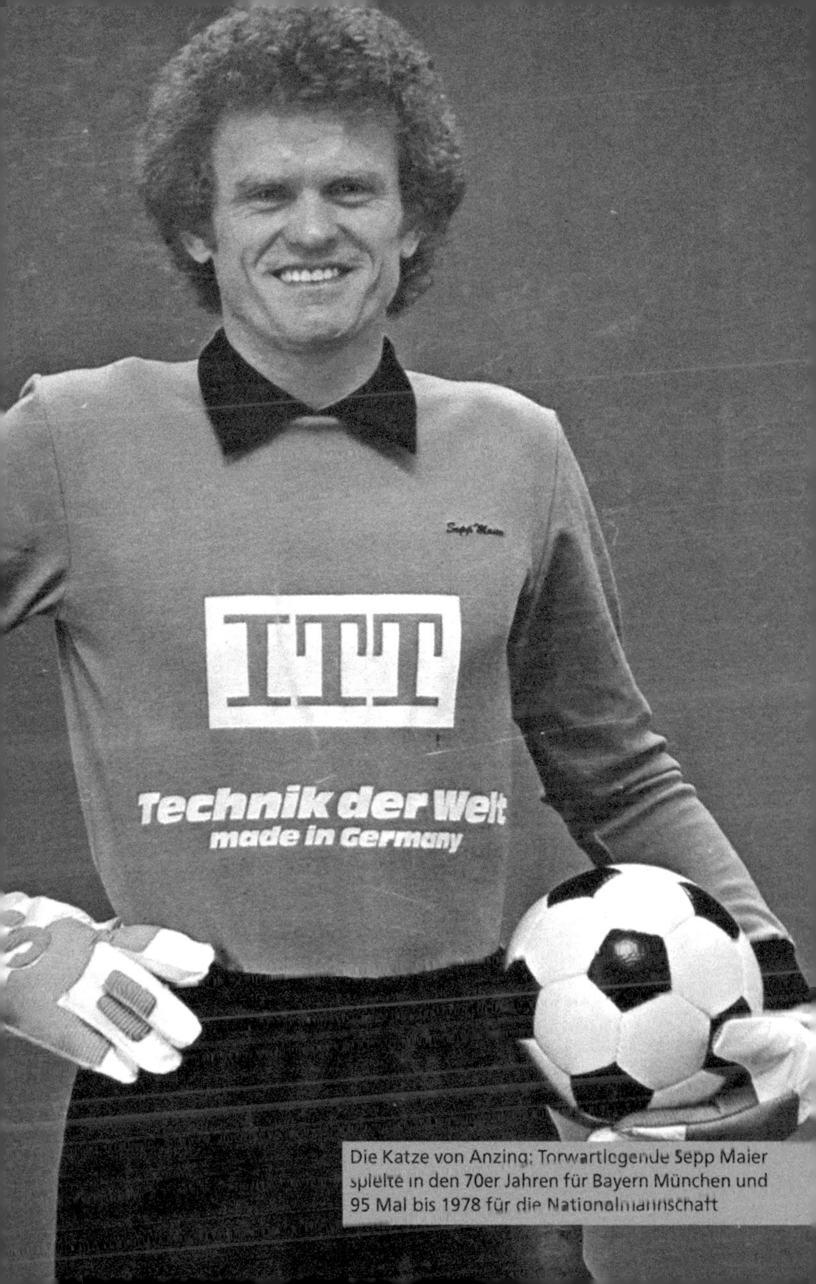

Die Katze von Anzing: Torwartlegende Sepp Maier spielte in den 70er Jahren für Bayern München und 95 Mal bis 1978 für die Nationalmannschaft

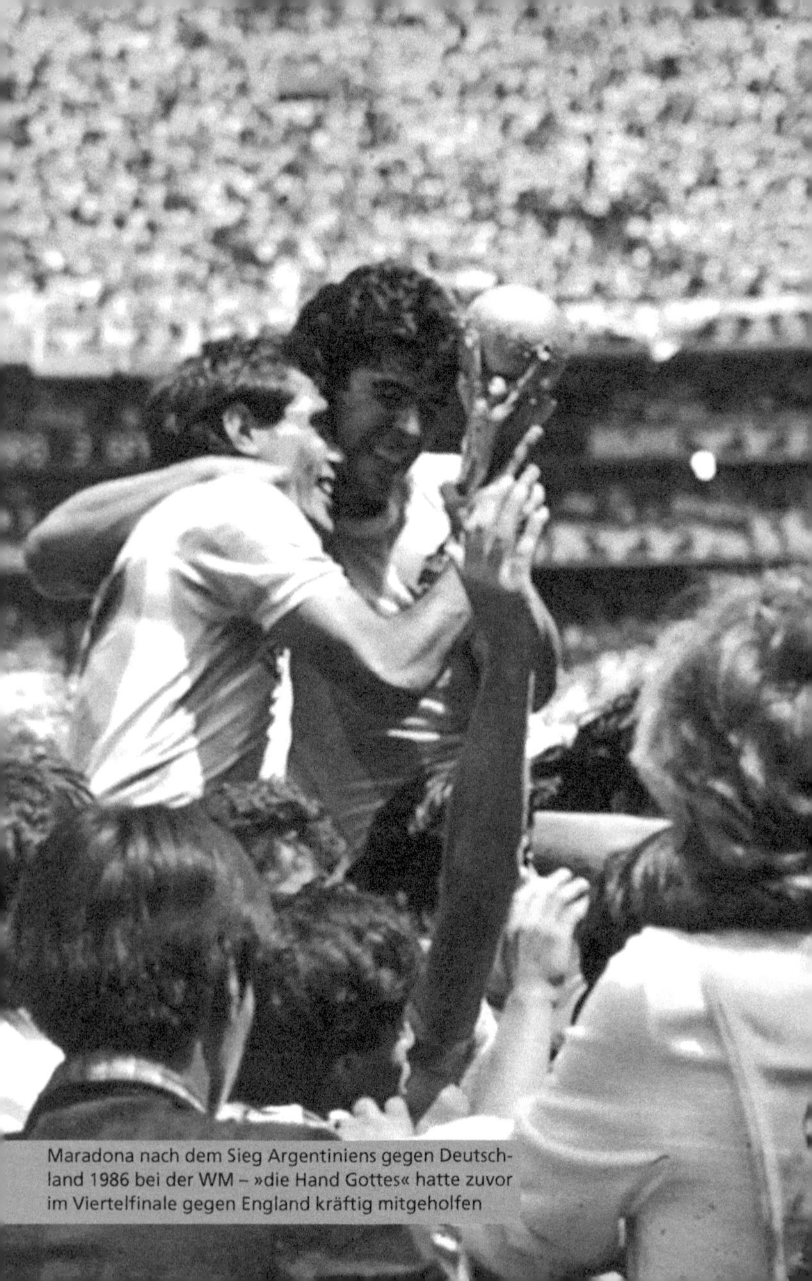

Maradona nach dem Sieg Argentiniens gegen Deutschland 1986 bei der WM – »die Hand Gottes« hatte zuvor im Viertelfinale gegen England kräftig mitgeholfen

Von Zuschauern, Zuhauern, Fans und Ultras

Ohne Zuschauer ist Fußball nur Leibesertüchtigung. Fußball wird durch das Publikum erst zum Spektakel. Schon beim italienischen Calcio des Mittelalters wird von 40.000 Zuschauern berichtet. Beim mittelalterlichen englischen Fußball war ohnehin das gesamte Dorf vor Ort, wenn auch die Grenzen zwischen Zuschauer und Mitspieler oft fließend waren. Seit es Pokalspiele und Ligabetrieb gibt, ist Fußball weltweit Magnet für viele Millionen Zuschauer. Zählt man nicht nur die Stadiongänger, sondern auch die Fernsehzuschauer dazu, sind es sogar Milliarden, die dem Fußball regelmäßig beiwohnen. Vorreiter der heutigen Fankultur war ebenfalls England. Mit der Industrialisierung bildete sich eine große neue Arbeiterklasse. Die englischen Arbeiter hatten ab den 1860er bis 1870er

Jahren in der Mehrzahl den Samstagnachmittag frei. Schnell wurde dieser Tag zum beliebten Termin, um Fußballspiele zu besuchen oder auch selbst zu spielen. Bis heute hat der Samstagnachmittag den Status als oberster Fußballnachmittag behalten.

Fußball als der Sport der Gentleman und der Eliteschüler war mit der Entstehung der Freizeit bei den Arbeitern schnell Geschichte. Die Arbeiter eroberten sich aber nicht nur das Spielfeld, sondern auch den Spielfeldrand. Da immer mehr Menschen zu den Spielen kamen, wurden Tribünen um die Spielfelder errichtet. Es entstanden die ersten Fußballstadien. 1901 kamen schon 110.820 Zuschauer zum FA-Cup-Finale zwischen den Tottenham Hotspurs und Sheffield United. Das waren zum ersten Mal mehr als 100.000 Zuschauer bei einem Fußballspiel.

Zum ersten und letzten Mal kamen 1923 sogar 200.000 Zuschauer zu einem FA-Cup-Finale. Es war das erste Fußballspiel, das im neu gebauten Wembley-Stadion stattfand. Man hatte in der Vorfreude auf das Ereignis vergessen, Eintrittskarten zu drucken, so dass eine vernünftige Zählung der Besucher nicht möglich war. Die Zustände in und um das Wembley-Stadion in London waren dementsprechend chaotisch. Fast hätte das Spiel nicht angepfiffen werden können. Dem heldenhaften Einsatz eines berittenen Polizisten ist es zu verdanken, dass das Spiel doch noch stattfinden konnte. Er ritt den Spielfeldrand ab, um die Zuschauer vom Spielfeld wegzubewegen. Da er das auf einem weißen Pferd und mit Erfolg machte, ist dieses Spiel heute noch als White-Horse-Finale berühmt.

In Deutschland entwickelte sich der Fußball wesentlich langsamer zum Publikumsspektakel. Echter Sport ist vor dem Ersten Weltkrieg Turnen, so wie es Turnvater Jahn[12] vorlebte. Das Spiel mit dem Ball am Fuß tat man da gerne noch als »Fußlümmelei« ab.

Da der Fußball aus England kam, wurde der Sport von Gymnasiallehrer Karl Planck als »englische Krankheit« verunglimpft. Durch fußballtypische Bewegung und Mimik gleiche der Spieler einem Affen und nicht einem guten deutschen Turner.[13] Durch solche und andere Initiativen von Turnern und Nationalisten hatte es der Fußball in Deutschland lange Zeit schwer. Die Spiele waren nicht gut besucht und die wenigen Besucher taten sich wohl nicht durch größere Sachkunde hervor. Das berichten jedenfalls englische Beobachter, die sich 1908 Fußballspiele in Deutschland ansehen durften. Kurz vor dem Ersten Weltkrieg erhielt der Fußball dann von der Obrigkeit und dem Militär seinen Segen. Der Sport sei besser geeignet, Soldaten auf den Krieg vorzubereiten, als es Turnen könne. Im Ersten Weltkrieg erhielt der Fußball dann einen weiteren großen Popularitätsschub. Die Soldaten spielten jede freie Minute Fußball. Es mussten immer mehr Bälle aus der Heimat an die Front geliefert werden. Der Bedarf an Fußbällen stieg permanent. Das Spiel konnte offenbar gut von den Schrecken des Krieges ablenken. In der Zeit von 1914 bis 1920 stieg auch die Zahl der im DFB organisierten spielenden Mitglieder rasant an: Gab es 1914 gerade mal 16.600 organisierte Fußballer, so konnte der DFB sechs Jahre später schon stolze 468.000 Mitgliedsbeiträge jährlich verbuchen.[14]

Dieser wachsende Fußballsachverstand in Deutschland war natürlich auch den Zuschauerzahlen im Stadion zuträglich. 1923 besuchten immerhin schon 64.000 Zuschauer das Endspiel um die deutsche Meisterschaft. Kurz vor der »Machtergreifung« der Nationalsozialisten 1933 war die Einführung einer deutschen Profiliga bereits beschlossene Sache. In vielen europäischen Ländern gab es bereits Profifußball und Ligabetrieb.

Aber hinter Profisportlern und Kommerzialisierung witterten die Machthaber im »Dritten Reich« eine »undeutsche« Verschwörung. Darum war die Einführung einer Profiliga im »Tausendjährigen Reich« undenkbar. Zum Glück dauerte die Naziherrschaft keine 1.000 Jahre. Schon 1963 startete die deutsche Bundesliga in ihre erste Profisaison. Seither ist der Fußball Woche für Woche Magnet für Millionen von Zuschauern. Die Besucherzahlen stiegen stetig. Durch Radio- und Fernsehübertragungen schaffte es das Spiel, nahezu in jedes deutsche Wohnzimmer einzudringen.

Erst in den 1980er Jahren gab es dann erstmals rückläufige Besucherzahlen in den Stadien. Dafür waren zunehmende Gewalt und ein stetig steigendes Freizeitangebot als Konkurrenz zum Fußballspiel verantwortlich. Die Identifikation mit dem Verein war bei den Zuschauern immer noch hoch. Jedoch regte sich Widerstand gegen die so genannten Fußball-Legionäre. Fußballer aus aller Welt (auch aus Deutschland natürlich), die für ein paar Mark mehr im Sparschwein, ohne zu zögern zum schlimmsten Erzfeind wechselten. Die Kunst, sich für einen Spieler zu begeistern, den man noch wenige Wochen vorher aus vollem Hals beschimpft hatte, steckte noch in den Kinderschuhen.

Heutige Fußballfans schlucken diese Pillen schon wesentlich bereitwilliger. Die Erfahrung hat gezeigt, dass Aufregen, Plakatieren und Protestieren nur sehr selten zum Erfolg führen. Man nimmt die gewachsenen Realitäten lieber mit Humor und Gelassenheit zur Kenntnis.

Zurück zum Zuschauerschwund der 1980er Jahre. Auch Vereinsbosse, die ihre Spieler mit hohen Zäunen und Armeen von Ordnern vor den eigenen Zuschauern schützten, verstärkten den Trend zu gewalttätigem Verhalten im Stadion weiter. Unzufriedene Fans, die nicht zur körperlichen Gewalt neigten, gaben sich teils ausgiebig dem Verbal-Hooliganismus hin. Manche Schmähgesänge dieser Zeit waren jedenfalls Ohrenkloppe für alle Anwesenden im Stadion. Deshalb blieb das »normale« Publikum den Fußballspielen lange Zeit fern. Ein Familienvater ging lieber in den Zoo als ins Stadion. Das dort vorgelebte Sozialverhalten erschien ihm in der Regel vorbildlicher als das Auftreten vieler Stadionbesucher.

Dann folgten noch relativ kurz hintereinander schwere Katastrophen in Fußballstadien, mit schlimmen Folgen. 1985 kam es bei dem Endspiel um den Europapokal der Landesmeister zwischen Juventus Turin und dem FC Liverpool in Brüssel zu schweren Krawallen. Englische Fans stürmten den »neutralen« Nachbarblock, der vom englischen Block nur durch einen einfachen Maschendrahtzaun getrennt war. Aus dem eigentlich neutralen Block heraus war von einigen der fast ausschließlich italienischen Fans provoziert worden. Ein korrupter UEFA-Mitarbeiter hatte die Karten für den neutralen Block über ein italienisches Reisebüro verkauft. Natürlich in der Mehrzahl an Italiener. Normalerweise dürfen bei einem Europapokalspiel die Fangruppen nicht so nah beieinander stehen. Zusätzliches Desaster: In dem neutralen Block befand sich keinerlei Polizei. Als der Drahtzaun einknickte, flohen die Menschen in Panik. Allerdings gab es für viele von ihnen kein Entrinnen. Die Fluchtwege waren verstopft oder erst gar nicht vorhanden. Jedenfalls wurden viele Menschen an eine Mauer gedrückt. Die vorher schon brüchige Mauer gab irgendwann nach und fiel um. Viele Menschen wurden unter der Mauer begraben. 39 Zuschauer starben im Heysel-Stadion, es gab weit mehr als 400 Verletzte. Gespielt wurde trotzdem. Allerdings war es für fünf Jahre das letzte Europapokalspiel einer englischen Mannschaft. Englische Fans waren schon vorher für ihren Hang zur Randale und ihre Verehrung für die Familie O'Hoolihan bekannt. Nun schloss die UEFA alle englischen Clubs für fünf Jahre, den FC Liverpool sogar sieben Jahre, von den europäischen Pokalwettbewerben aus.

1989 kam es beim FA Cup Halbfinale zwischen Liverpool und Nottingham Forrest in Sheffield zu einer weiteren schweren Tragödie. Ordnungskräfte kanalisierten die in das Stadion drängenden Zuschauermassen falsch. Ein Block wurde so völlig überlastet, während andere Blocks nur halbvoll waren. Die in dem besagten Block vorne an den Zäunen stehenden Menschen wurden von den nachrückenden Massen

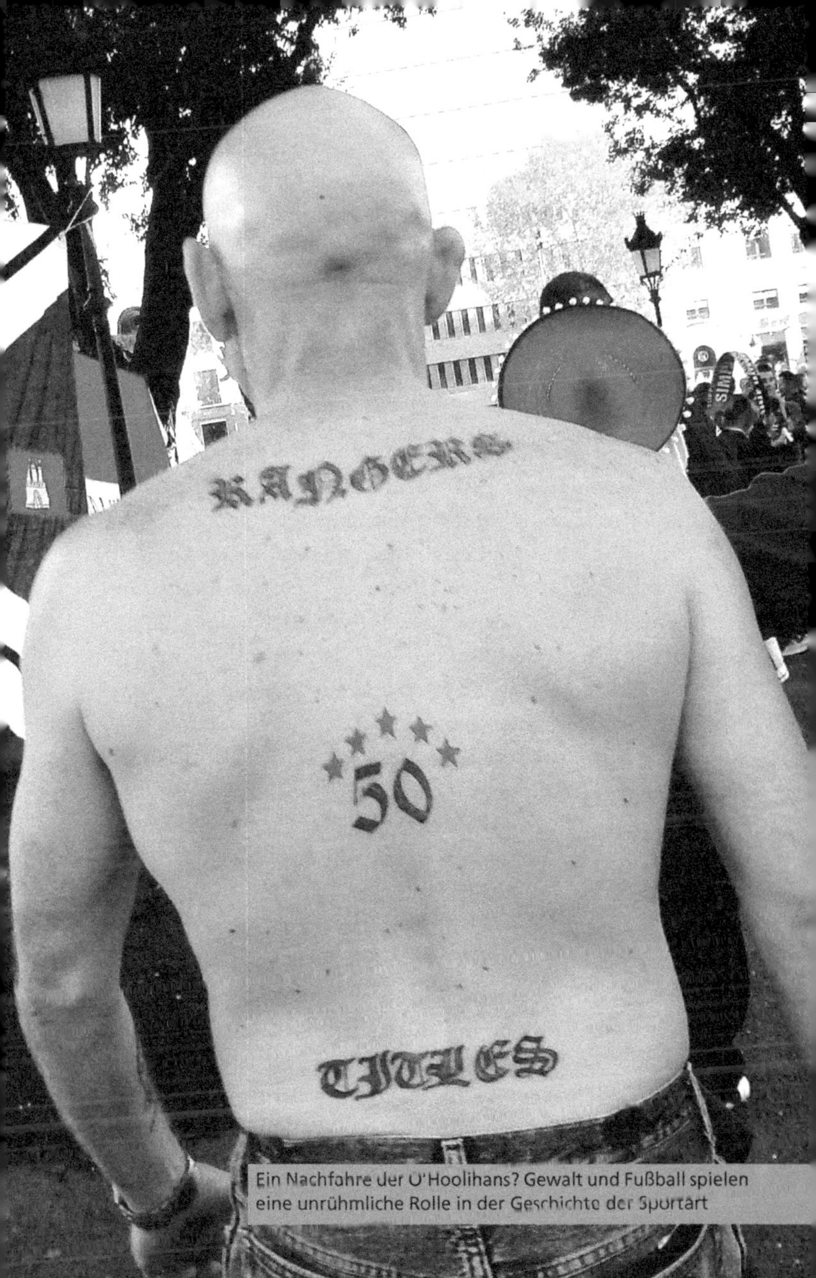

Ein Nachfahre der O'Hoolihans? Gewalt und Fußball spielen eine unrühmliche Rolle in der Geschichte der Sportart

erdrückt, die befreienden Tore zum Spielfeld viel zu spät geöffnet. 96 Tote und über 700 Verletzte waren die schreckliche Konsequenz dieser Kette von Fehlern und dem fehlenden Sicherheitskonzept im Stadion. Diese Katastrophen und die ausbleibenden Zuschauer führten dann zu einem Umdenken der Vereine. Die alten Fußballstadien wurden modernisiert und für die Zuschauer sicherer gemacht. Bei den Neubauten stand die Zufriedenheit des Publikums ohnehin mehr im Mittelpunkt.

Neben der Sicherheit steht aber bei den modernen Stadien, die heute in der Mehrzahl Arena heißen, auch der Unterhaltungswert im Vordergrund. Den Zuschauern soll nicht nur ein Fußballspiel geboten werden. Es gibt ein komplettes Rundum-Sorglos-Entertainment-Paket. Zielgruppe sind Geschäftsleute, Familien, Frauen, Besserverdiener, Fahrradfahrer, Prominente und Politiker. Was mit den Fans ist, fragen Sie? Ach ja, die dürfen auch noch rein. Die Radfahrer machen einfach nicht so viel Stimmung wie die Dinosaurier unter den Stadionbesuchern – die Fans. Apropos: Wie eben bereits bemerkt, ist nicht jeder Zuschauer eines Fußballspiels auch ein Fan. Es gibt den Zuschauer, der wirklich nur zuschaut. Er geht ins Stadion, um ein Fußballspiel zu sehen. Er ist emotional nicht sonderlich eingebunden. Ob die eine Mannschaft gewinnt oder in China ein Sack Reis Feuer fängt – der Puls dieses Zusehers bleibt annähernd konstant. Er geht deshalb auch nicht all zu oft ins Fußballstadion.

Die nächste Stufe des Zuschauers ist da schon öfter am Sportplatz zu sehen. Er ist bekennend parteiisch, trägt ab und zu sogar Vereinsdevotionalien wie Schal oder T-Shirt mit sich und freut sich beim Torerfolg lauthals mit. Die wichtigsten drei Fangesänge intoniert er mit, wenn ihm danach ist. Aber er ist in erster Linie Konsument des Spiels – und noch nicht ein Teil des Spiels. In dieser Gruppe findet sich auch ein relativ neuer Typ Fußballspielbesucher: der Eventfan. Dieser hat sich schon immer Mal einige wenige Spiele bei Fußballweltmeisterschaften im Fernsehen angesehen. Bundesligaspiele waren ihm aber immer zu provinziell und eigentlich auch zu unterschichtig. Für seine Freunde, die schon immer zum Fußball gegangen sind, hatte er manchmal Hohn, ab und zu aber auch Spott parat. Heute darauf angesprochen, war das aber »etwas ganz anderes, damals«.

Seit der Fußball-WM 2006 in Deutschland hat sich das Welt- und Fußballbild des Eventfans grundlegend geändert. Fußball ist seither hipp, Farbe bekennen sexy und gemeinsames Feiern an Spieltagen cooler als Ins-Kino-Gehen. Die WM war schnell vorbei – die Lust am Event aber ist geblieben. Wohin also mit der neuen Lust am Spiel?

Glücklicherweise sind viele deutsche Fußballstadien extra zur WM 2006 zu Unterhaltungsarenen und Eventtempeln umgebaut worden. Rund um das Spiel gibt es Entertainment und Abwechslung. Den Arbeiter-Flair der Betonstadien aus den 20er und 30er Jahren des 20. Jahrhunderts findet man heute nur noch selten. Für einen solchen Nostalgietrip muss man schon in Liga zwei oder Liga drei vorbei schauen. Das sind in der Regel Eventfan-freie Zonen.

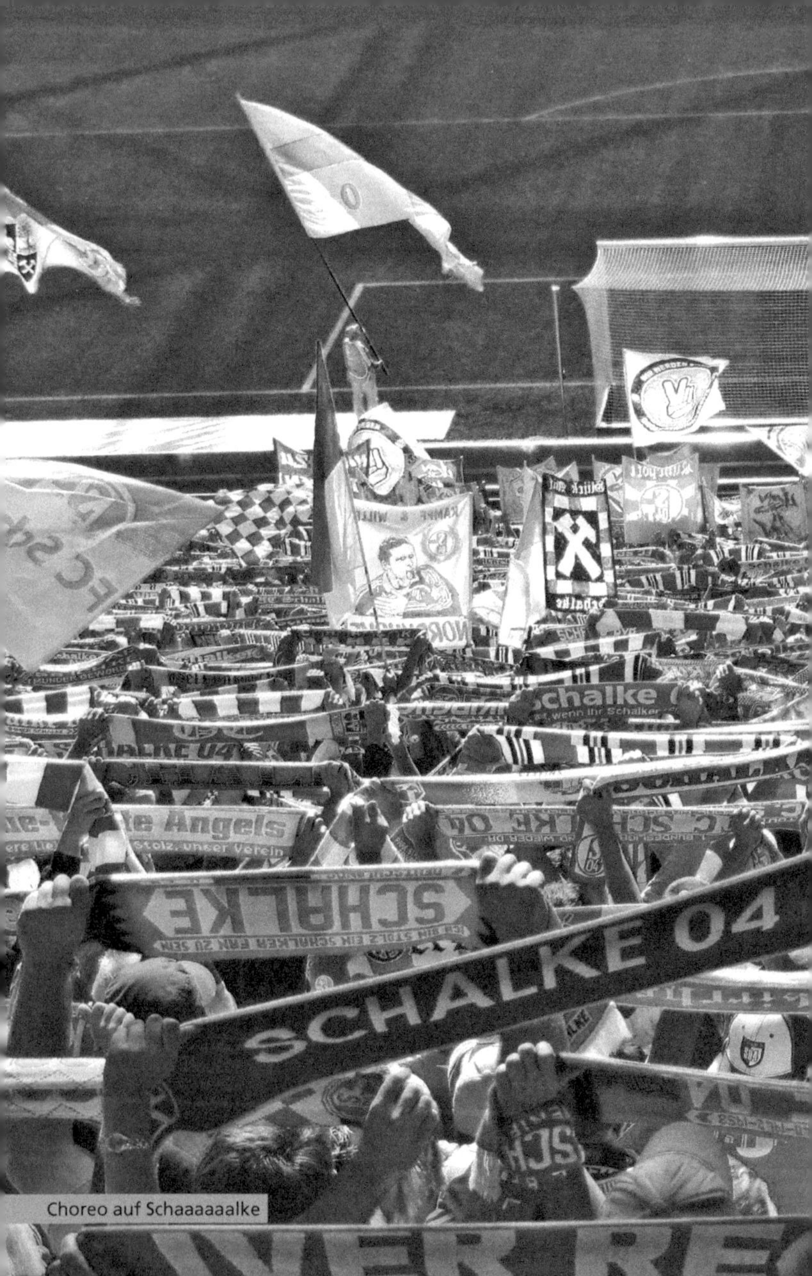

Choreo auf Schaaaaaalke

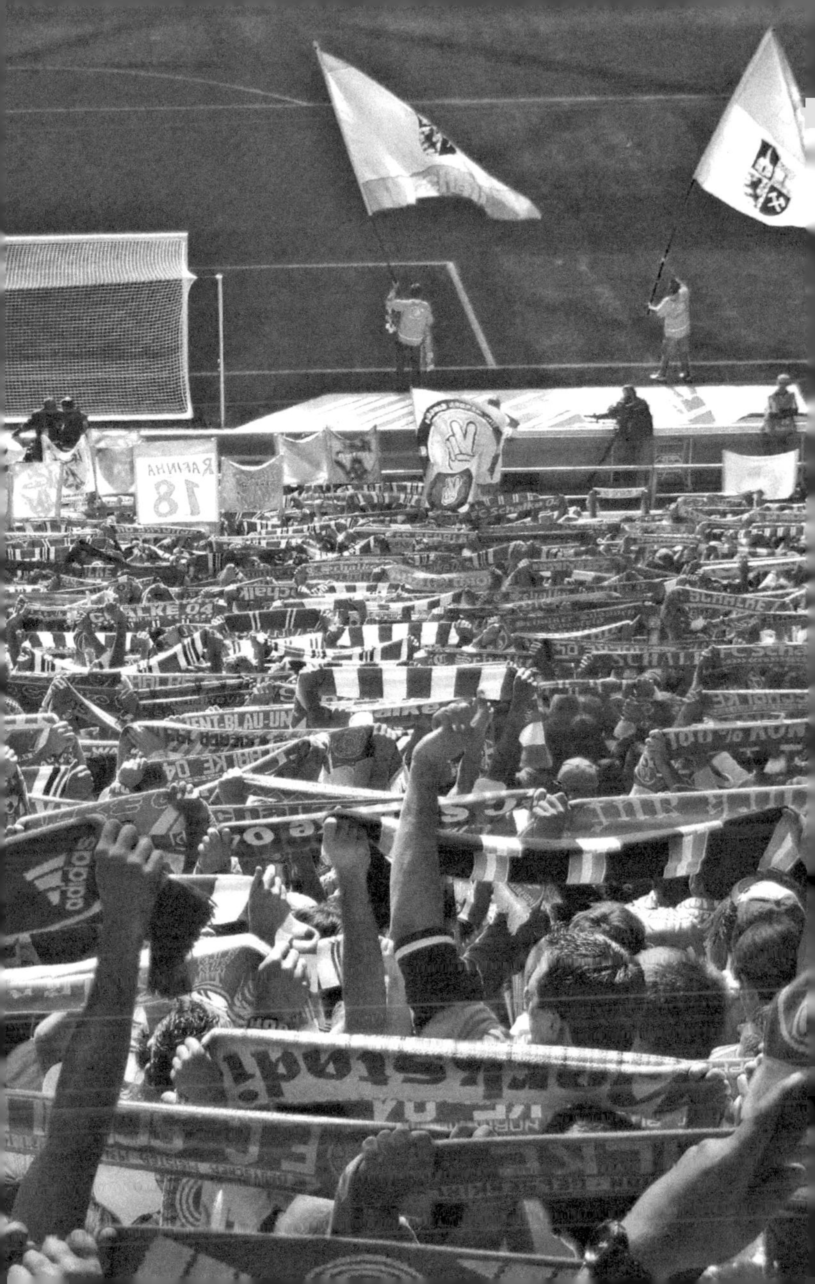
RAFINHA
18
SCHALKE 04

Den Eventfan zeichnet keine sonderliche Vereinstreue aus. Wo er sich den meisten Spaß verspricht, da geht er hin. Wenn also sein bisheriger Favoritenclub eine Liga tiefer geht, aber der Club aus dem Nachbarort plötzlich in Liga eins spielt, dann schaut er zumindest mal dort vorbei. Wenn dann Stimmung und Unterhaltungsprogramm stimmen, kommt der alte Schal in den Keller und es wird flugs einer des neuen »eigenen« Vereins gekauft. Wie lange sehen wir den Eventfan also im Fußballstadion? Das ist schwer zu sagen. Falls die Damen-Curling-WM im eigenen Land dereinst ein überraschender Publikumserfolg wird, geht der Eventfan möglicherweise bevorzugt zu dieser Sportart. Dort wird man den echten Fußballfan sicher niemals treffen. Er geht zu seinem Verein – ob es stürmt, schneit, regnet oder die eigenen Eltern 50. Hochzeitstag haben. Für den echten Fan ist der Verein mehr als ein Hobby. Die Verklärung zum anbetungswürdigen Kultobjekt ist weit verbreitet (»Schaallke? Datt iss kein Verein, datt iss ne Religion!«). Wobei der »königsblaue« Club aus Gelsenkirchen hier nur beispielhaft steht. Alle Fußballvereine, die über mehr als 15 Jahre Bundesliga-Tradition verfügen, haben ihre Kultgemeinde, bestehend aus echten Fans. Der eine Verein mehr, der andere muss mit einem etwas kleineren harten Kern auskommen.

Aber dieser harte Kern ist wichtig für die Fußballvereine. Der harte Kern ist bei jedem Heim- und bei allen Auswärtsspielen dabei. Er sorgt für die hörbare Stimmung im Stadion und er bietet ein optisches Spektakel auf den Rängen. Zusätzlich zu Schal, Müt-

Kuttenträger aus Bayern – ein Fan des FC Bayern München in Montur ze und Trikot in den Vereinsfarben, werden Fahnen geschwenkt und Transparente gezeigt. Die höchste Form des Spektakels ist die Fan-Choreografie. Hier wird von den Fans eine echte Aufführung gegeben. Gezeigt wird eine kurze Geschichte: beispielsweise wie das Wappentier des eigenen Vereins, das Logo des Gegners auffrisst oder anderweitig schädigt.

Der ursprüngliche Fußballfan, der sich in Fanclubs organisiert und auch zu Hause die Kutte nicht ausziehen will, ist eine aussterbende Rasse. Hat der Kuttenträger früher das Bild und auch den Ton im Stadion geprägt, so ist er heute nur noch ein seltener werdender Zaungast des Geschehens. Seine Vormachtstellung in Sachen Stimmung und Außendarstellung in deutschen Stadien hat der Kuttenfan jedenfalls an die neue Generation Fans abtreten müssen – die Ultras.

Diese Bezeichnung für fanatische Anhänger eines Vereins stammt ursprünglich aus Italien. Dort wurden in den 1950er Jahren extreme Fußballfans von der Presse als Ultras bezeichnet. In den späten 1960er Jahren bildeten sich dann erste Fangruppen, die sich selbst als Ultras bezeichneten. Seit Mitte der 1990er Jahre gibt es auch in Deutschland viele Ultragruppierungen. Sie haben die Fanclubs und Hooligans als die lautesten Gruppierungen des Stadions schnell abgelöst. Ein Verein mit einer großen Ultra-Gruppe kann sich eigentlich immer über gute, zumindest laute Stimmung im Stadion freuen.

Ultras sind in der Regel junge, fußballverrückte Männer. Sie wehren sich gegen die zunehmende Kommerzialisierung im Fußball. Oft und gerne plakatieren sie aber auch gegen Stadionverbote und Polizeiwillkür. Wirklich politisch muss man aber als Ultra nicht sein. Man muss »nur« Fan sein und ein Fanleben leben. Ultras verstehen sich nicht als Konsumenten des Spiels. Viel mehr sagen sie ganz selbstbewusst: »Wir sind das Spiel«. Das ist natürlich aus sportlicher Sicht nicht korrekt. Aber durch ihre Aktivität, Lautstärke und ihr Engagement sind sie ein gut hörbarer und auch sichtbarer Teil des Spiels. Damit die Gesänge und Choreographien möglichst dauerhaft und einheitlich vorgetragen werden, gibt es im Ultrablock einen Vorsinger (Capo). Der ist mit einem Megaphon oder sogar Mikrofon und Lautsprechern ausgestattet, damit er sich Gehör im Block verschaffen kann. Wie ein Dirigent steht er seinem Chor aus Ultras frontal gegenüber. Das heißt, der Capo bekommt nicht all zu viel mit, von dem was auf dem Spielfeld passiert. Aber für den Verein, die Stimmung im Rund und das Große und das Ganze, opfert er die gute Sicht auf das Spielfeld gerne. Der Dirigent fordert vollen Einsatz von seinen Ultras. Wer nicht mitzieht und am Ende des Spieltages nicht heiser ist, kann sich seine imaginären Ultra-Papiere abholen und für die nächste Saison schon mal außerhalb des Ultrablocks Dauerkarten kaufen.

Beispielsweise im Block der Hooligans. Das sind die gewaltbereiten Fußballzuschauer. Diese gilt es, nicht mit Fußballfans zu verwechseln. Hilfreich zur Unterscheidung ist einer der häufigsten Hooligan-Gesänge: »Wir sind keine Fußballfans, wir sind deutsche Hooligans«.

Es ist für das geübte Auge nicht schwer, einen Hooligan zu erkennen. Wichtiges Erkennungszeichen: Keine Vereins-Symbole! Noch wichtiger: Markenklamotten. Ein Hooligan im Billig-Discounter-Look ist kein Hooligan. Dieser ist im Auge des Hooligans ein »Asi«. Auch sehr wichtig: Gewaltbereitschaft signalisieren, durch Gang, Gestik, Mimik und Verhalten.

Historisch ist nicht ganz klar, ob die Bezeichnung Hooligan für einen gewaltbereiten Fußballfan auf die irische Familie O'Hoolihan zurückzuführen ist. Diese Familie war jedenfalls am Ende des 19. Jahrhunderts für ihre häufige Teilnahme an Schlägereien berühmt, beziehungsweise berüchtigt. Von daher würde diese Namensgebung sicher das Einverständnis der modernen Hooligans erhalten. Wobei: Über die Klamotten der Familie O'Hoolihan ist nichts überliefert. Waren das eventuell doch bloß Asis? Wie dem auch sei: Zeitlich passt die irische Familie gut zur Entstehung des Hooliganismus. Denn Zuschauerausschreitungen gehörten bereits sehr früh zum Spiel dazu. Im Mittelalter war das Spiel selbst bereits schon die Ausschreitung. Nach Einführung der Regeln und der Verbände war zumindest das Verhalten auf dem Platz in gesetzeskonforme Bahnen gelenkt. Aber Polizei- und Militäreinsätze vor, während und nach Fußballspielen gab es bereits im 19. Jahrhundert. Schon in den Jahren 1895 bis 1914 registrierte man jeweils ca. 200 Fälle von Hooliganismus pro Jahr in England.[15]

Im heutigen deutschen Fußball lassen Polizeipräsenz und Ordnungsdienste rund um das Fußballspiel das traditionelle Aufeinandertreffen zweier verfeindeter Hooligangruppen gar nicht mehr zu. Zum gegenseitigen ›Was-in-die-Fresse-hauen‹ müssen sich moderne Hooligans mittels Handy oder E-Mail im Wald- und Wiesenbereich verabreden. Wo sich sonst Hase, Fuchs und Igel zum Skatspiel treffen, können sich dann die Hooligans mal wieder so richtig austoben.

Auch die Medien haben irgendwann beschlossen, dem Thema Hooligans nicht mehr so viel oder am besten gar keinen Raum zu bieten. Je höher die Aufmerksamkeit in der Presse war, desto mehr junge Männer wollten Teil der Berichterstattung – also Teil der Hooliganszene sein. Die Rechnung geht einigermaßen gut auf. Viel mehr Jugendliche suchen heute den Weg in die Ultraszene, als sich den Hooligans anzuschließen. Die Ultras sind schließlich nicht zu übersehen und nicht zu überhören. Berichterstattung in allen Medien ist inklusive. Weniger Hooligans, mehr Ultras, das kann dem Fußball nur gut tun. Jedenfalls so lange der Kern des Ultraseins friedlich bleibt.

In deutschen Fußballstadien ist heute ein halbwegs repräsentativer Schnitt der Gesellschaft vertreten. Längst wird das Bild nicht mehr von Arbeitern und Wenigerverdienern geprägt. Ob man Fußballfan ist und ins Stadion geht, hat wenig mit Gehalt oder sozialem Stand zu tun. Außer natürlich insoweit, dass der Besuch des Stadions heute nicht mehr so erschwinglich ist wie früher. Da die Anzahl der bezahlbaren Stehplätze in den Bundesligastadien eng begrenzt ist, muss man schon pro Spiel auf einem Sitzplatz ein Minimum von 20 Euro bezahlen. Nach oben hin sind natürlich kaum Grenzen gesetzt. Eine Business-Loge in einer der modernen Arenen kann da durchaus mehr kosten, als mancher Stehplatzzuschauer im Jahr verdient. Allerdings: Eine große Gruppe aus der Gesellschaft ist weiterhin und scheinbar auch auf Dauer unterrepräsentiert in deutschen Fußballstadien – die Frauen. Der Anteil an Frauen im Fußballstadion liegt aktuell bei etwa 23 Prozent.[16] Ist der Fußball also eine Sportart von Männern für Männer?

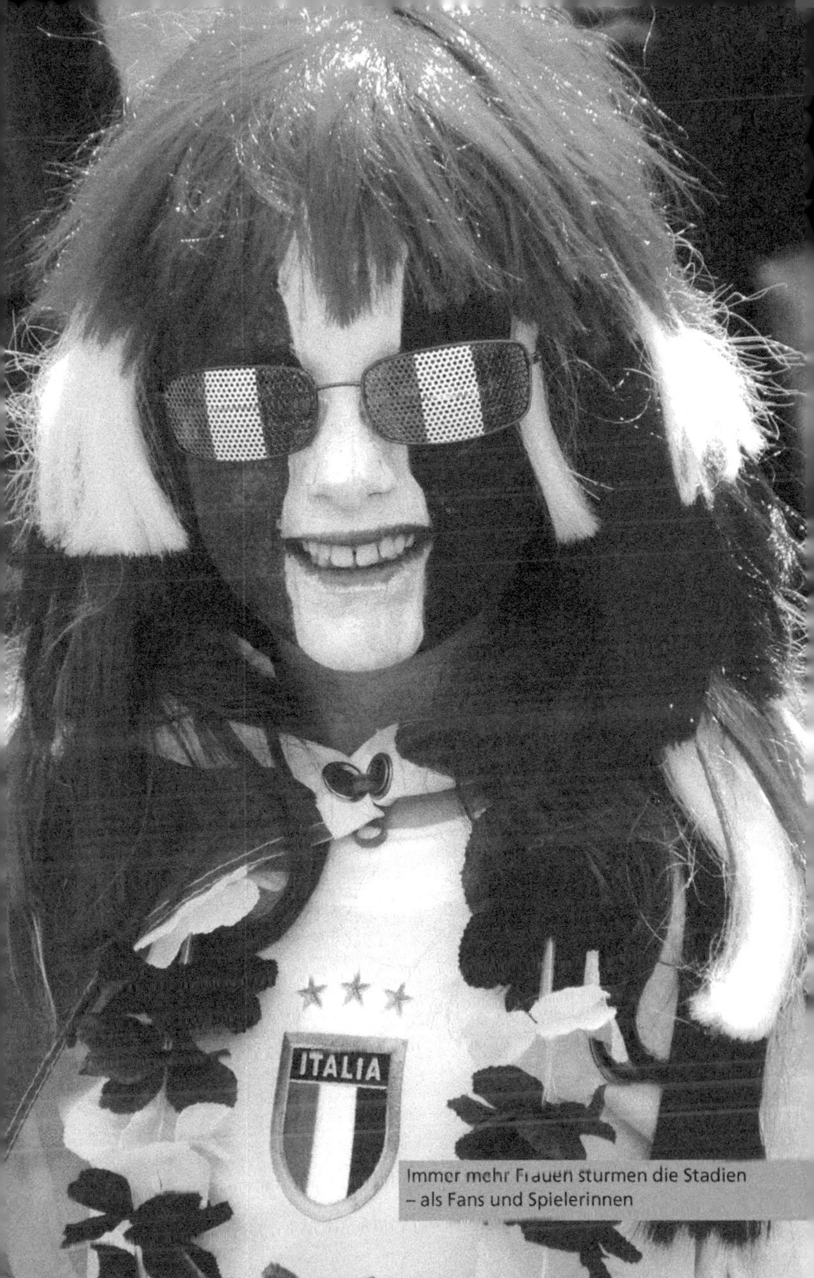

Immer mehr Frauen stürmen die Stadien
– als Fans und Spielerinnen

Ist DER Fußball ein Männersport?

DER Fuß, DER Ball, DER Fußball. Dreimal männlich. Männlicher geht's nicht. Aber hat der Fußball überhaupt ein Geschlecht? Hat das Spiel einen sexuellen Bezug? Die Gründerväter in England jedenfalls benutzten den Fußball zur Bekämpfung von Sexualität.

Reverend Edward Thring war seit 1853 Internatsleiter in Uppingham, England. Der Reverend wusste vieles genau. Aber zwei Dinge wusste er noch viel genauer. Erstens: Alleinsein ist die Vorstufe zur Masturbation! Zweitens: Masturbation ist die Vorstufe zur Hölle! Was also war zu tun? Man musste ein Spiel finden, dass das Masturbieren unterbindet. Zum Glück hatte der kleine Bruder des Reverends, John Charles Thrings, wenige Jahre zuvor, 1848, an den Cambridge-Regeln des Fußballs mitgearbeitet. Dieses Spiel war dem Reverend also bekannt, und es erfüllte seiner Meinung nach die gesuchten Kriterien. Wer Fußball spielt, ist dauerhaft nicht allein. Auch nach dem Spiel in der Umkleidekabine nicht. Wer Fußball spielt, spielt also nicht an sich selbst herum.

Fußball wurde kurz darauf an dem Internat zum Pflichtfach. Zusätzliche Vorsichtsmaßnahmen gegen den »Selbstmissbrauch« wurden selbstverständlich auch noch ergriffen. Die Schüler waren jederzeit dazu aufgefordert, sich gegenseitig nicht aus den Augen zu lassen. Wer einen »wanker« (Masturbationsakrobaten) erwischte, musste demnach Meldung machen. Der Erwischte wurde unverzüglich der Schule verwiesen, ehe der Virus noch auf die anderen Schüler übergriff. Der Reverend konnte stolz auf sich sein. Das viktorianische England war es jedenfalls.[16]

Die Gründerväter waren sich bei der Festlegung der Regeln einig, dass es sich bei Fußball um Männersport handelte. Als sich John Charles Thrings dafür einsetzte, Hacking, den gezielten Tritt vor das gegnerische Schienbein, im Spiel zu verbieten, stieß er auf großen Widerstand. Es gab Stimmen, die hier eine Verweichlichung des Spiels witterten. Dann könnte man den Fußball gleich an Pfeife rauchende und Grog trinkende Franzosen abschenken, meinte zum Beispiel F.W. Campbell, ein großer Verehrer des Hacking.[17] J.C.Thrings erwiderte damals: »Fußball ist von Natur aus rau und hart und kann gar nicht verweiblicht werden«.[18] Von Gründung an, bis in alle Ewigkeit: Fußball, ein Männersport. Das schwebte den Gründervätern vor: Ein harter Sport für harte Männer – auch ohne gezieltes Schienbeinbrechen.

Ein gutes Beispiel, dass die Regel, die das gezielte Hacking verbot, nicht zur Verweichlichung des Spiels führte, gibt ein Spieler der legendären Gentlemen Mannschaft, dem Corinthians Football Club. E.C. Bambridge hatte sich ein Bein gebrochen. Noch bevor der Knochen richtig verheilt war, stand im Jahr 1885 ein wichtiges Spiel an. Bambridge wollte unbedingt spielen. Er schnallte sich also einen dicken Schienbeinschoner an das Bein. Die Gegenspieler wussten natürlich von seiner Blessur. Also traten sie Bambridge vor den Schienbeinschoner, bis schon zur Pause das Blut daraus hervorquoll. Bambridge hielt durch und schoss in der zweiten Halbzeit das entscheidende Siegtor für seine Mannschaft. Nach dem Spiel teilte er dann seinen Kameraden und den verdutzten Gegenspielern mit, dass sie das falsche Bein malträtiert hatten. Bambridge hatte den Schienbeinschoner absichtlich an das gesunde Bein geschnallt. Er wusste schließlich, das die Gegner die Härte seines Schoners und seines gerade noch gebrochenen Knochens testen würden.

Ein bisschen von dieser ursprünglichen Härte hat man sich gerade in England beim Fußball erhalten. Eine saubere Blutgrätsche findet dort in der Regel immer noch mehr Bewunderung, als ein schön gespielter Hackentrick. Davon kann heute noch mancher Ausländer ein Lied singen, der aus einer anderen Liga in die englische Premier League wechselt. Der Schutz und die Gesundheit der Spieler genießen dort nicht immer Priorität Eins.

Apropos Ausländer und englischer Fußball: Zinedine Zidane schoss bei der Europameisterschaft 2004 ein herrliches Freistoßtor gegen die englische Nationalmannschaft. England schied aus, und die Presse verspottete die englische Mauer als Damenwall. Die »Sun« hängte den Spielern, die sich ihrer Meinung nach nicht aufopferungsvoll genug in Zidanes Schuss geworfen hatten, auf einer Fotomontage Handtaschen um. Das war nach Meinung der Zeitungsmacher die beste Art, die Spieler als unmännliche Handtaschenträger darzustellen.[19] Vor solchem feigen Verhalten, ausgerechnet gegen Franzosen, hätten die Gründerväter des Fußballs in England ihre Schüler sicher ausdrücklich gewarnt. Der Fußball diente dort ja dazu, aus Jungen echte Männer zu machen. Und der Sport sollte die Schulen und Internate vor Onanie und autosexuellen Handlungen schützen.

Es gibt tatsächlich Entstehungstheorien des Fußballs, die die sexuelle Komponente des Spiels hervorheben. Unter anderem wegen der sexuellen Parallelen konnte Fußball im prüden Amerika kein Erfolgssport werden, lautet eine These. Welche sexuelle Parallelen sind da wohl gemeint? Man kann ein Fußballspiel folgendermaßen beschreiben: Beim Fußball stehen sich zwei Mannschaften gegenüber. Gespielt wird auf einem begrenzten Spielfeld. Hinter jeder Mannschaft steht eine Öffnung, ein Loch, ein Tor. Das Spielgerät ist ein weißes Ding. Das Ziel ist es, dem Gegner möglichst oft einen reinzumachen – also das weiße Ding möglichst oft in die Öffnung zu schieben. Das ist natürlich eine leicht überzeichnete Darstellung des Fußballspiels. Aber die Parallelen zur Welt der Sexualität sind nicht zu übersehen und eventuell sind sie sogar gewollt. Es gibt

Hinweise, dass die Anfänge der Fußballspiele, vor hunderten von Jahren, Fruchtbarkeitsrituale gewesen sind.[21] Damit würden die eindeutigen Zweideutigkeiten dann doch zum Spiel gehören. Allerdings handelt es sich eher um vage Vermutungen als um beweisbare Fakten.

Aber was denken Sie, warum Oliver Kahn ein derart guter, aber auch übermotivierter Torwart gewesen ist? Reines Homophobie-Doping! Man hat es ihm förmlich angesehen – die Angst davor, einen reinzubekommen.

»Du machst mir keinen rein!« Jeder Blick, jede Geste sagte das aus. Auch die eigenen Mitspieler, die ihn nicht mit der gleichen Motivation davor bewahrten, einen reinzubekommen, hat er sich geschnappt und wenigstens angeschrien, manchmal auch körperlich gezüchtigt. Das Ziel von King Kahn war nicht, dem Gegner möglichst häufig einen reinzumachen, sondern er fühlte sich als Sieger, wenn er keinen reinbekommen hatte. Vergleiche von Spiel und Sex tauchen oft in Aussprüchen von Fußballern, Trainern oder Reportern auf. So wusste beispielsweise Jürgen Klinsmann, in seiner Drangphase, als er selbst noch stürmte, Folgendes zu berichten: »Der Druck entlädt sich beim Torschuß – ein Wahnsinns-Feeling. So ähnlich wie beim Sex«.[22]

Dass es beim Spiel auf Potenz und Männlichkeit ankommt, wusste natürlich auch Oliver Kahn: »Eier, wir brauchen Eier!«[23] Unvergessen ist auch der hessische Radioreporter, der beim 6:3 von Eintracht Frankfurt gegen SSV Reutlingen, im Jahr 2003, ekstatisch schrie: »Das ist geiler als Sex!«[24] Axel Kruse, Stürmer, sehr aufgeregt, weil er gerade eine rote Karte bekommen hatte, ließ sich zu diesem Satz hinreißen: »Ich hatte

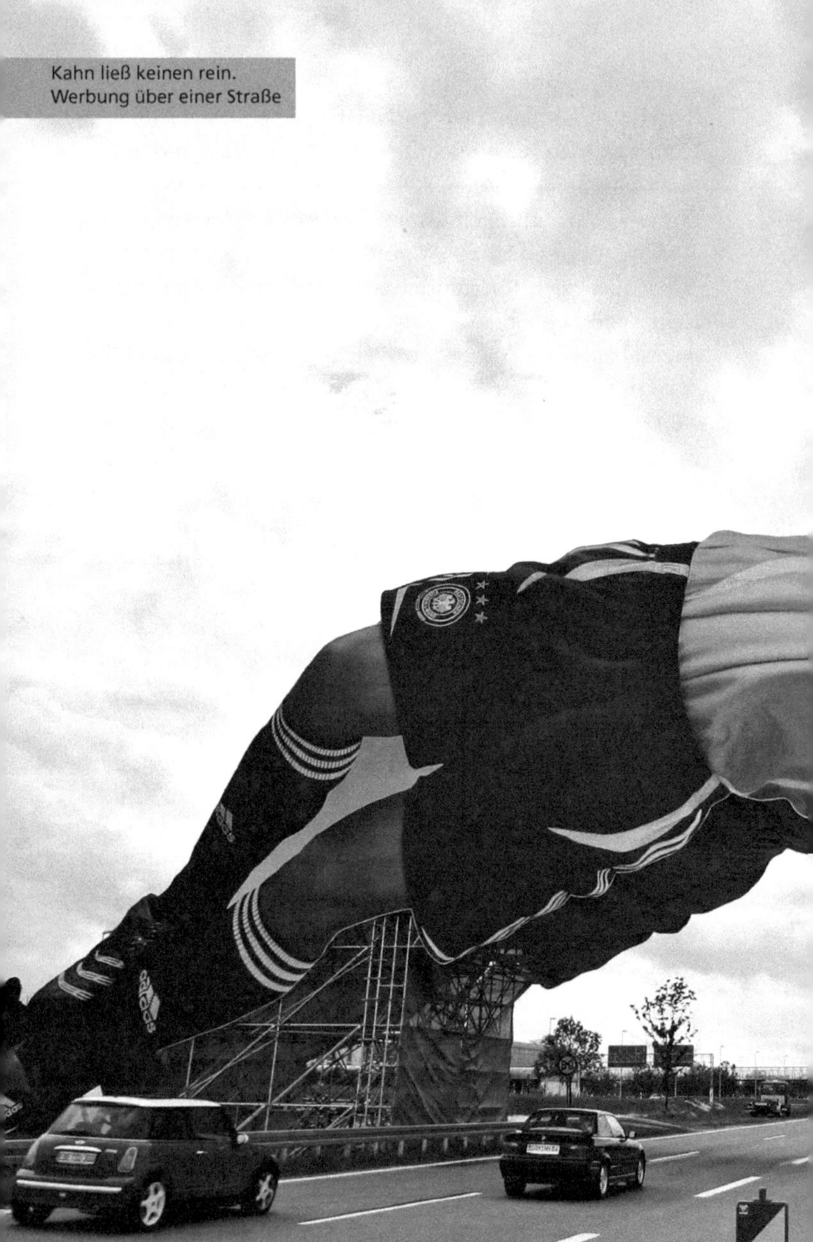

Kahn ließ keinen rein.
Werbung über einer Straße

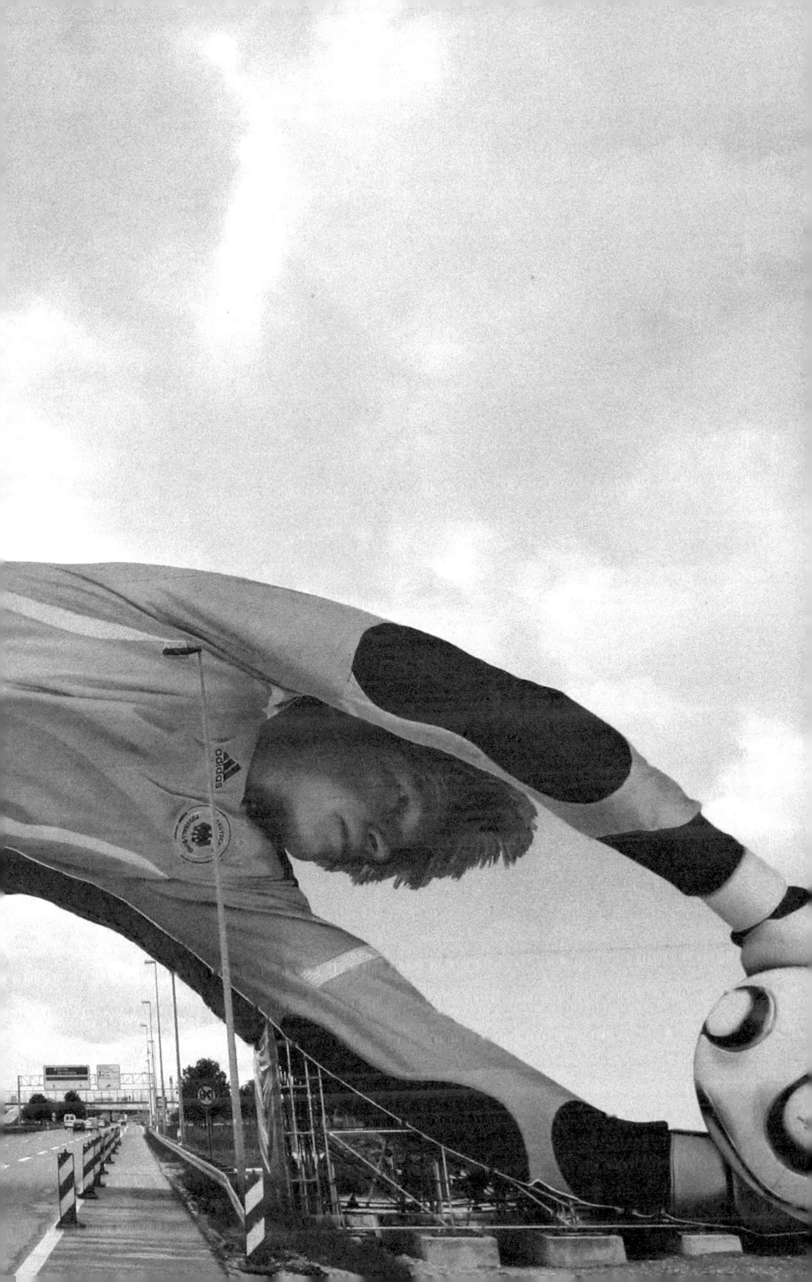
adidas

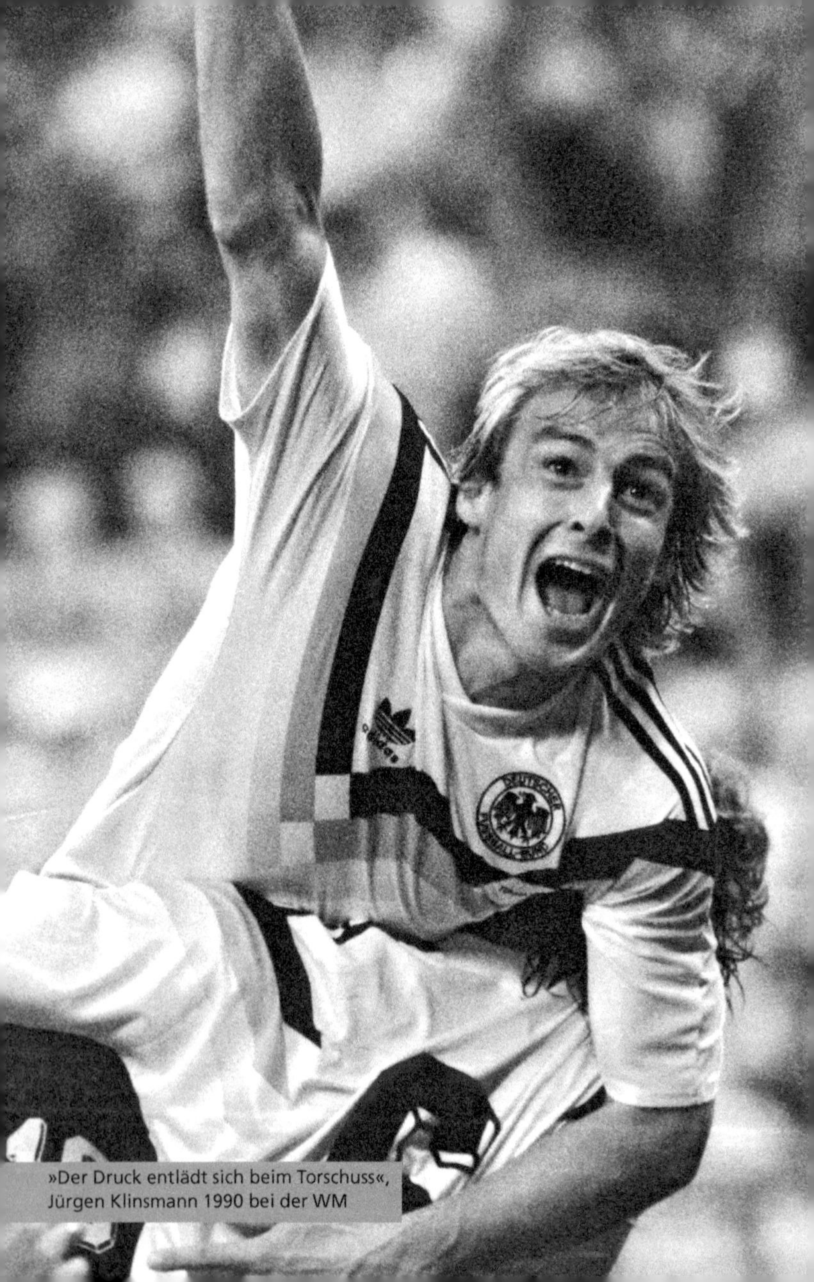

»Der Druck entlädt sich beim Torschuss«,
Jürgen Klinsmann 1990 bei der WM

vor der Saison ein Angebot aus England. Wäre ich bloß hingegangen. In England ist Fußball wenigstens noch Männersport – und nichts für Tunten«.[25]

Im Umkehrschluss sagt Herr Kruse also, dass der deutsche Bundesliga-Fußball ein großer Tuntenball ist. Hier allerdings irrt Herr Kruse. Bislang ist noch kein Fall von geouteter Homosexualität in der höchsten deutschen Spielklasse bekannt geworden. Sicher gibt es schwule Spieler in der Bundesliga, aber die Zeit ist wohl noch nicht reif für ein Outing. Jedenfalls nicht während der laufenden Karriere. Das rät auch Marcus Urban, selbst ehemaliger Drittliga-Fußballer bei Rot-Weiß Erfurt, der sich nach seiner Fußballerzeit, Anfang der 1990er Jahre, zu seiner Homosexualität bekannte. Die Akzeptanz für schwule Fußballer müsste erst mal durch schwule Sportler anderer Sportarten gesteigert werden, sagt Urban im Interview mit der Frankfurter Rundschau. Erst dann würde er einem Fußballer raten, sich als schwul zu outen.[26]

Die Stimmung in deutschen Fußballstadien ist nicht gerade von Begeisterung für männliche Homosexualität geprägt. Es werden immer noch Fangesänge intoniert mit dem folgenden, leicht zu merkenden Text: Schwule, Schwule, Schwule. Dabei zeigt der rechte Arm der Chorsänger in Richtung des gegnerischen Fanblocks. Damit ist nach Meinung der Singenden ein Höchstmaß an Geringschätzung und Beleidigung zum Ausdruck gebracht. Im anderen Block stehen die Schwulen und hier, hier stehen wir. Die echten Männer. Ob sich in einer solchen Atmosphäre ein schwuler Fußballspieler traut, vor die Kameras zu treten und zu sagen: »Ich bin

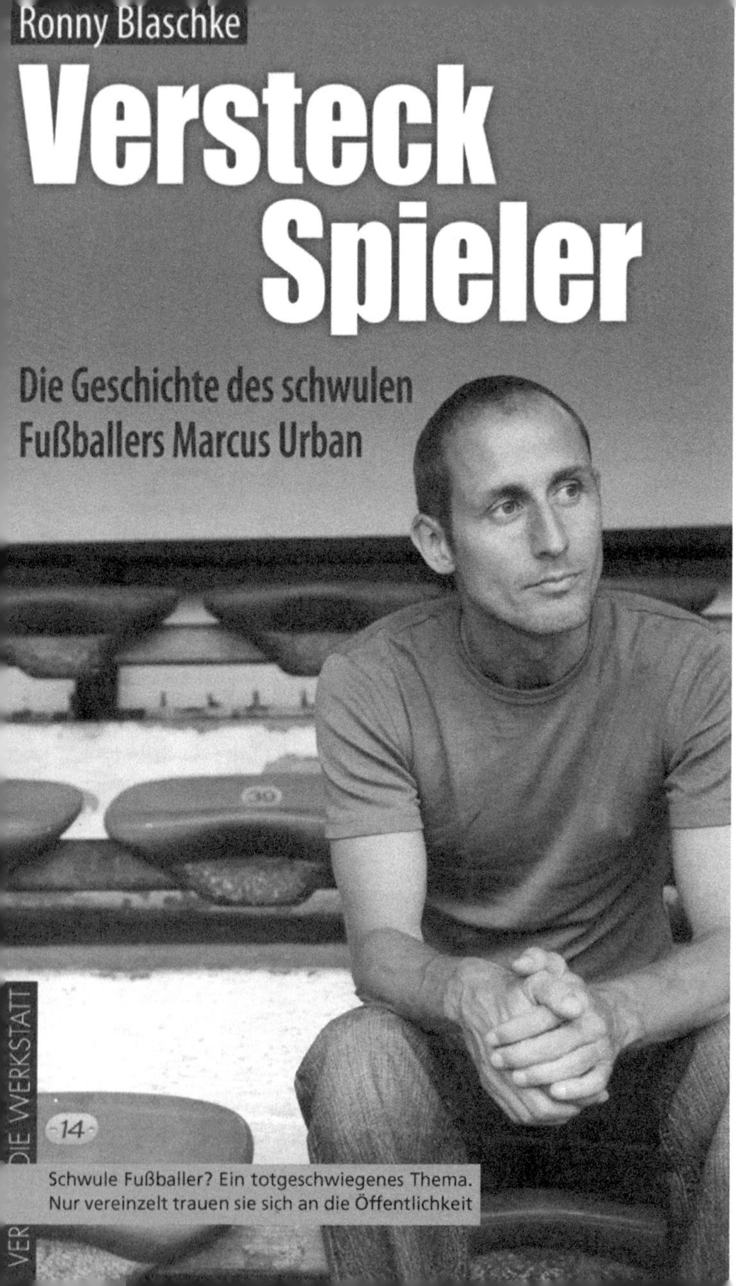

Ronny Blaschke

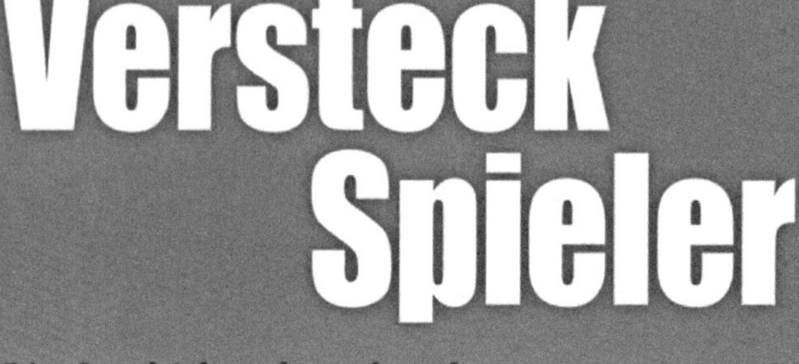

Die Geschichte des schwulen Fußballers Marcus Urban

Schwule Fußballer? Ein totgeschwiegenes Thema.
Nur vereinzelt trauen sie sich an die Öffentlichkeit

DIE WERKSTATT
VER

schwul und das ist gut so!« ist zumindest für die nähere Zukunft kaum zu erwarten. Aber immerhin: Die verhärtete, heterosexuelle Front weicht bereits an den ersten Stellen auf. Erste Bundesligavereine, wie der 1. FC Köln und Hertha BSC Berlin, haben bekennende schwule Fanclubs. Eventuell gibt es also doch das erste Foto eines aktiven, schwulen Bundesligakickers, ehe Reinhold Messner noch das Foto vom Yeti vorlegen kann. Das Rennen ist jedenfalls eröffnet und bleibt spannend.

Ganz anders verhält es sich bei Fußball spielenden Frauen. Hier ist ein hoher Prozentsatz bekennend homosexuell. Allerdings ist dieser Eintritt in die Männerwelt Fußball für lesbische Frauen eine gute Möglichkeit, mit typisch weiblichen Verhaltensmustern zu brechen. Es ist für Fußballerinnen kein größeres Risiko, sich zur eigenen Homosexualität zu bekennen. Frauenfußball bestätigt und festigt in dieser Hinsicht den Fußball als Männersport. Ansonsten kämpft der Frauenfußball immer noch um mehr Akzeptanz in der Männerwelt. Die Schnittmenge von Fans, die zum Männerfußball gehen und denen, die sich Frauenfußball ansehen, ist immer noch gering. So hat beispielsweise Kreisligakicker Uwe H. aus Frankfurt während der Frauen-Fußballweltmeisterschaft 2008 folgende Meinung geäußert: »Frauenfußball? Wenn ich mir das ansehen muss, kriege ich Augenkrebs«![27] Die Krankheit bekommt er sicher exklusiv beim Frauenfußball ansehen. Aber die Meinung, dass Fußball nicht von Frauen gespielt werden sollte, ist unter Männern – und gerade unter selbst kickenden – weit verbreitet.

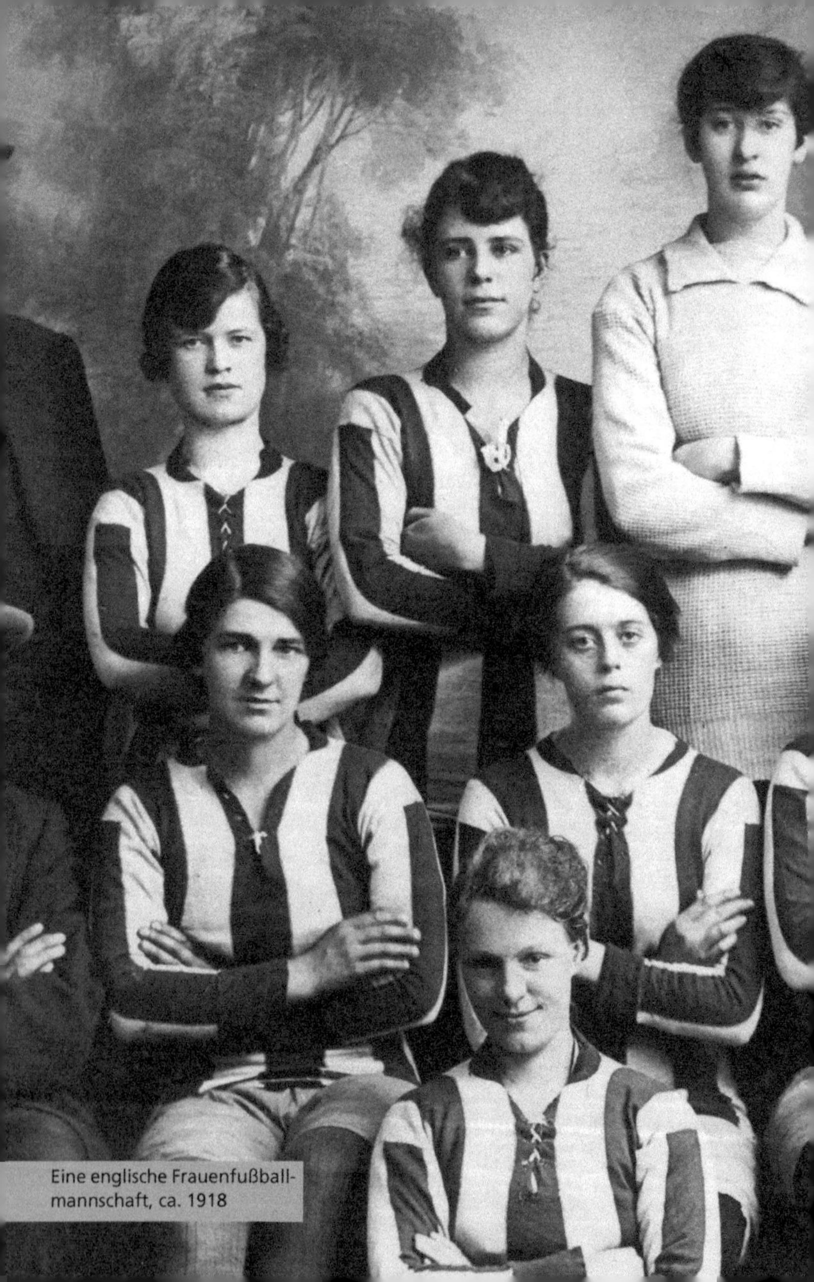

Eine englische Frauenfußball-
mannschaft, ca. 1918

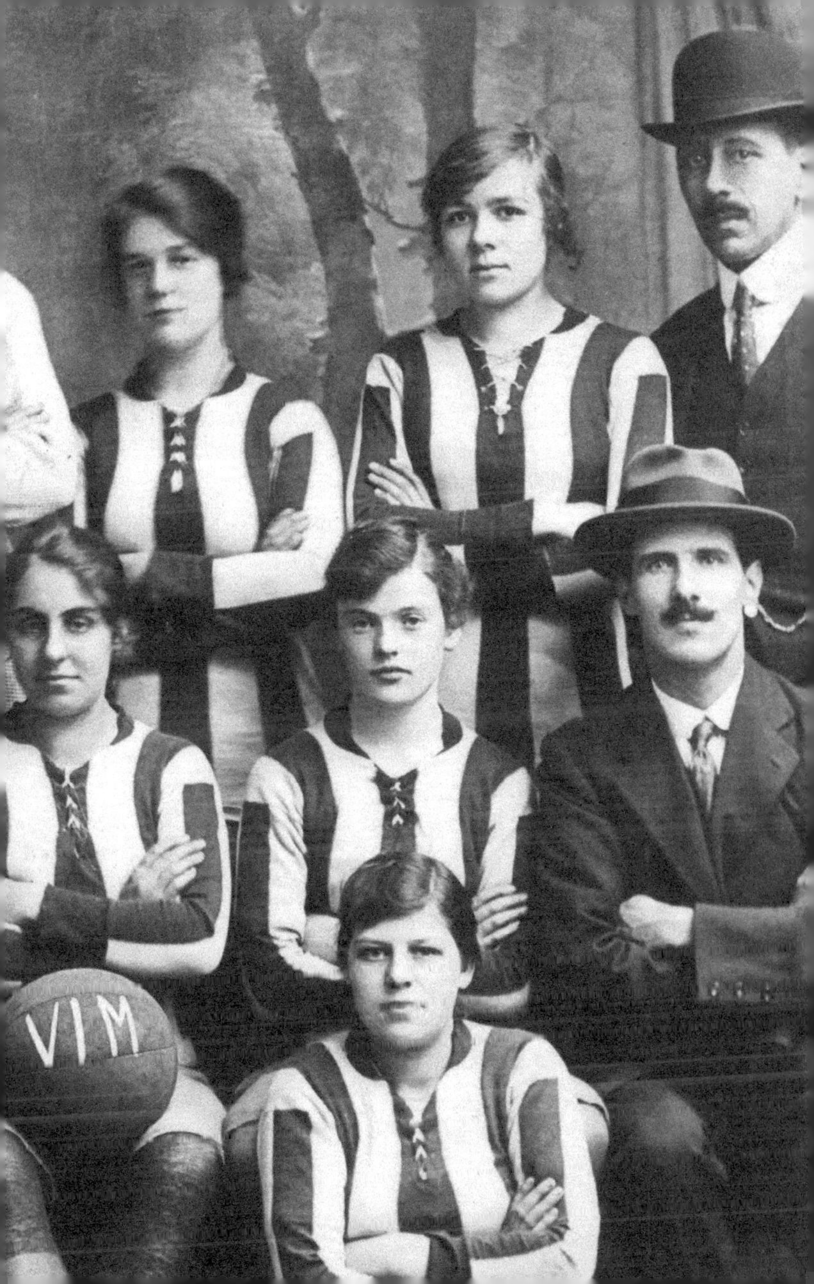
VIM

Was also kann noch Belege für das Geschlecht des Sports liefern? Typische Geschlechtermerkmale angewandt auf den Fußball helfen vielleicht weiter. Was aber sind typische männliche Eigenschaften? Kraft, Ehrgeiz, logische Denkweise, Aggressivität, Entscheidungsfreude, Vernunft, Härte, Kampfeslust werden hier gerne genannt. Mit all diesen Eigenschaften kann man im Fußball sehr weit kommen. Deutschland ist mit Kraft, Härte, Ehrgeiz, Kampfkraft und Aggressivität 1982 und 1986 zweimal hintereinander Vize-Weltmeister geworden. Aber was hatte beispielsweise Weltmeister Diego Maradona, was Vizeweltmeister Hans-Peter Briegel nicht hatte? Abgesehen von einem coolen Vornamen natürlich. Es waren Spielwitz, Kreativität und Intuition – nicht zwingend auf Männer angewendete Stereotype. Es sind – klischeehaft gedacht – eher weibliche Merkmale. Aber wenn Spieler nur solche Eigenschaften auf sich vereinen, hört man schon bald folgende Sätze aus dem Management seines Arbeitgebers: »Er ist nicht hart genug. Der Bundesligafußball ist zu schnell für ihn. Er hat nicht geschafft, sich durchzusetzen. Es fehlt ihm der Biss. Nur Hacke, Spitze, Eins Zwei Drei reicht einfach nicht«.

Mit typisch weiblichen Merkmalen hat man es vermutlich also schwer auf'm Platz. Sanft, verletzlich, verführerisch, emotional oder sogar mütterlich – wozu führt das denn beim Fußball? Hier eine kleine Versuchsreihe, in der die fünf genannten Eigenschaften im Fußballspiel getestet werden.

Sanft streichelte er den Ball – RUMMS – hart traf ihn der Ellenbogen seines Gegenspielers in der Magengrube und der Ball war weg. FC Weiblich gegen VfL Männlich 0:1.

Er fühlte sich heute so verletzlich. Da ging er den Zweikämpfen lieber mal aus dem Weg – Eyyyy, du Pfeife! Raus mit dir! Ab jetzt spielt Hans-Peter für dich weiter. Ok, Trainer … FC Weiblich gegen VfL Männlich 0:2.

Wenn er an der Tribüne vorbeikommt, setzt er sein verführerischstes Lächeln auf. Sicher freut sich Susanne, seine Traumfrau, darüber … Susanne: »Mann, du Schwuchtel! Da vorne ist der Ball! Wo guckst du denn hin?« FC Weiblich gegen VfL Männlich 0:3.

»Also nee, Schiri! Das war keine gelbe Karte! Der Lothar hat doch mich gefault! Nicht ich ihn. Ach, ich könnt heulen, so emotional bin ich heute drauf!« - Seit diesem Tag bekommt er bei jedem Spiel Sprechchöre: Heulsuse, Heulsuse, Heulsuse! FC Weiblich gegen VfL Männlich 0:4.

Versehentlich faulte er seinen Gegenspieler. Der drehte sich dreimal um sich selbst im Fallen und schrie laut auf vor Schmerzen. Das weckte mütterliche Gefühle in dem Spieler, der das Faul begangen hatte. Er beugte sich also zu seinem Gegenspieler herunter, und fragte, ob er ihm helfen könnte. »Ja, geh mir mal das Eisspray holen, bitte«, stöhnte der am Boden Liegende mit scheinbar letzter Kraft. Kaum, dass er sich umgedreht hatte, dem Verletzten den Gefallen zu tun, führte der eben noch scheinbar Sterbende den Freistoß aus. Dann rannte er wie entfesselt mit nach vorne und köpfte die Flanke – mangels Gegenspieler völlig unbedrängt höchstselbst ins Tor. Beim Jubeln vergaß er selbstverständlich nicht, dem mütterlichen Typ mit dem Eisspray in der Hand noch mal seinen gestreckten Mittelfinger zu zeigen. Und 0:5 im Spiel FC Weiblich gegen VfL Männlich. Klare Niederlage also für die Weiblichkeit im Spiel. Das nächste Mal wird wieder mit voller männlicher Härte gespielt, dann ist auch das Publikum wieder begeistert. Soweit eine mögliche Fußballszenerie …

Auch bei den Zuschauern dominieren die Männer. Der Frauenanteil in den deutschen Fußballstadien liegt seit Jahrzehnten relativ konstant um die 20 Prozent. 2006 waren es 21 Prozent, 2007 23 Prozent.[28] Die Frauen im Stadion sind auch keine feste weibliche Gruppe, die, Kommerzialisierung des Sports sei Dank, von der Nivea-Tribüne herab jedes Mal »Ausziehen, Ausziehen« rufen, wenn ihr Lieblingsspieler vorbeiläuft. Nein, viel mehr weiß die geneigte Stadiongängerin, dass sie sich in einer Männerwelt befindet. Und deshalb nimmt sie die dort herrschenden Riten und Verhaltensweisen als gegeben hin. Wollte sie jedes Mal eine Diskussion anzetteln, wenn ein Frauenrecht verletzt wird, hätte sie viel zu tun.

Aber immerhin: Die anwesenden rund 23 Prozent Frauen sind in das Blickfeld der Marketingstrategen der Vereine geraten. Frauen soll auch der Kauf im Fanshop nahegebracht werden. Wo früher Aufnäher für die Kutte, Schals mit sexistischem Aufdruck (Fußball, Ficken, Alkohol u.ä.) und altmodische Mützen mit Vereinslogo dominierten, wird heute auch für die Fanfrau etwas geboten. Schmuck, Accessoires und modische Klamotten, teilweise auch in vereinsfremden Farben – meistens in

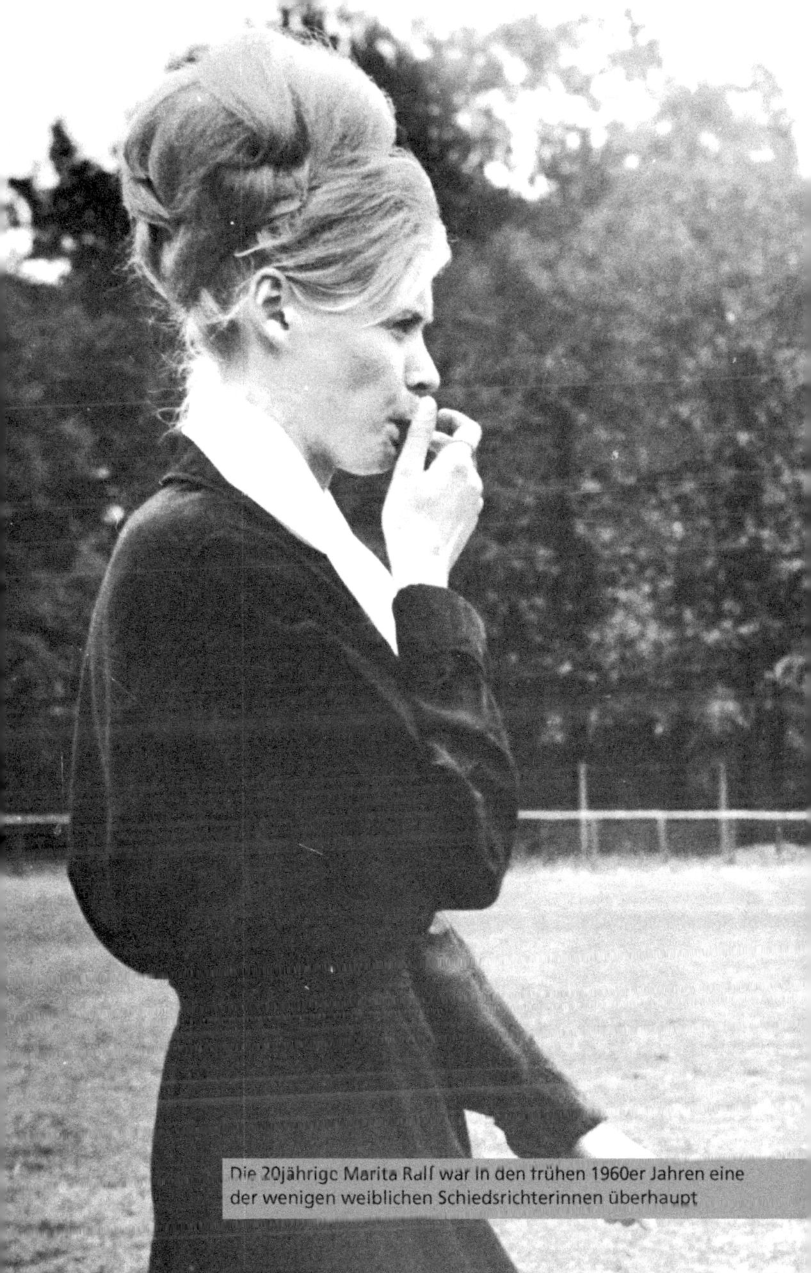

Die 20jährige Marita Ralf war in den frühen 1960er Jahren eine der wenigen weiblichen Schiedsrichterinnen überhaupt

rosa. Von den weiblichen Fans wird das gut angenommen. Deshalb finden sich im Shop der meisten Bundesligaclubs Fanartikel in der Farbe rosa. Wehret den Anfängen, dachte man sich in Frankfurt. Dort wurde wegen eines Vereinsschals in blassem rosa – die Vereinsfarben von Eintracht Frankfurt sind schwarz, weiß und rot – eine Initiative gegründet. Das Motto dieser tapferen Bürgerwehr: Stoppt rosa! Das sagt auch die Webseite der Initiative aus: www.stoppt-rosa.de. Ob sich dieser Trend in Frankfurt noch mal stoppen lässt, bleibt abzuwarten. Aber Frauen, die das Stadion mit einem rosa Schal betreten, sind für die Männerdominanz vermutlich eher ungefährlich. Diese Frauen wollen eher GEfallen als EINfallen. Aufpassen sollte »Mann« in Frankfurt und anderswo, wenn die Frauen mit den lila Schals versuchen, das Stadionbild zu dominieren. Die sind schon eher gewillt, männlicher Dominanz den Kampf anzusagen.

Etwas anderes ist die neue Art des gemeinsamen Fußballschauens bei Europa- oder Weltmeisterschaften: dem Public Viewing. Hier treffen sich Menschenmassen, um gemeinsam an öffentlichen Plätzen und auf großen Leinwänden Fußball zu schauen. Hier ist das Verhältnis Mann / Frau relativ gleich hoch. Die Atmosphäre scheint sich also von der im Stadion so zu unterscheiden, dass Frauen dort lieber und häufiger hingehen. Da es sich um ein neues Fußballschauen handelt, ist die Dominanz der Männer nicht so hoch wie im Stadion. Die Regeln sind noch nicht festgelegt, das Ereignis lässt Spielraum für die eigene Gestaltung. Zusätzlich zählt hier auch das gesellschaftliche Ereignis. Dabeisein ist nicht alles. Sehen und gesehen werden spielt eine Rolle. Feiern mit Freunden und Freundinnen, Party machen, trinken, feiern, tanzen, singen. Hier muss Frau nicht die Angst haben, permanent gegen uralte Stadion-Riten und Verhaltenskodexe zu verstoßen. Der Altersdurchschnitt beim Public Viewing liegt auch deutlich unter dem eines Bundesligaspiels.

Wollte man also den Frauenanteil in den Stadien erhöhen, könnte man sich hier Anregungen holen. Bei manchen Vereinen liegt die Frauenquote auch weit über dem Durchschnitt. Zu den Heimspielen des SC Freiburg etwa, kamen in der Saison 2007/2008 36 Prozent weibliche Zuseherinnen. Diese Quote wurde im selben Jahr im deutschen Profifußball nur von Mainz 05 übertroffen, mit 40 Prozent Frauenanteil.[29] Beides sind Vereine, die für eine etwas andere Fankultur stehen. Freiburg, bekennend alternativ und ökologisch, hebt sich, wie Mainz, mit fröhlich, karnevalistischer Fankultur von den traditionell männlich dominierten Vereinen ab. Eine Stimmung, ähnlich wie beim Public Viewing, in der sich die Frauen offensichtlich wohl fühlen.

Duelle, Derbys, Schlachten und Klassiker – wenn Fußball mehr als nur ein Spiel ist

Mensch-ärgere-dich-nicht, Monopoly und Fang-den-Hut: Das sind unzweifelhaft Spiele. Man fängt an, spielt eine Weile und am Ende gibt es einen Gewinner. Zwischendrin wird geflucht, geärgert, gefreut, geschrien und eventuell auch geheult. Aber: Es handelt sich um ein Spiel. Eventuell dem Spiel beiwohnende Zuschauer sind in den seltensten Fällen aufgeregt mit bei der Sache. Fußball ist auch ein Spiel – es heißt schließlich Fußballspiel. Wer aber schon mal einen echten Fußball-Krimi erlebt hat, bei dem es um mehr als nur drei Punkte ging, der weiß – zumindest in dem Moment: Fußball ist mehr als ein Spiel. Echte Fußballfans leben für die Spiele, bei denen es um alles geht. Wenn der Puls in bislang unbekannte Regionen vordringt, die Stimme Worte schreit, Lieder singt, beinahe ohne eigenes Zutun, und das Spiel zum Mittelpunkt der Welt wird.

Ein solches, spirituell erhöhtes Spiel, war das Spiel Eintracht Frankfurt gegen den 1.FC Kaiserslautern 1998. Die Frankfurter waren eigentlich schon seit vier Spieltagen abgestiegen. Durch drei eigene Siege in Folge und andere glückliche Fügungen hatte die Frankfurter Eintracht aber am letzten Spieltag der Saison noch eine geringe Chance, in der ersten Liga zu verbleiben. Erste Pflicht war ein Sieg gegen Kaiserslautern. Zusätzlich mussten andere Vereine noch verlieren oder zumindest nicht gewinnen, um das Wunder zu schaffen. Kaiserslautern hatte noch die Chance, bei einem Sieg an der Champions-League teilnehmen zu können. Abschenken würde der FCK also keinesfalls. Die Spiele verliefen wie erwartet. 70 Minuten lang sah Eintracht Frankfurt wie der sichere Absteiger aus. Dann schoss die Eintracht das 2:1 und Hansa Rostock, die gleichzeitig zurücklag, wäre abgestiegen. Frankfurt erhöhte auf 4:1, nun war auch Nürnberg noch hinter der Eintracht. Man konnte kurz vor Schluss relativ laut durchatmen. Der Verein schien sich gerettet zu haben. Alles lachte, sang und jubelte im Waldstadion. Doch dann plötzlich: Rostock führte gegen Bochum, ist vorne dran, und Nürnberg hat das Anschlusstor zum 1:2 geschossen. Rostock hatte also mehr Punkte als Frankfurt, und die Franken waren punktgleich und hatten das bessere Torverhältnis. Es fehlte wieder ein Tor für die Eintracht zum Klassenerhalt. Menschen, die eben noch himmelhoch gejauchzt hatten, schoben nun eine große Schubkarre Trübsal vor sich her. Gestandenen Männern sackten die Knie ein, sie saßen auf dem Hosenboden, Verzweiflung pur im Blick.

Unten am Spielfeldrand erklärte Thomas Epp, Auswechselspieler von Eintracht Frankfurt, seinen Mitspielern eindrücklich die Situation – über die Anzeigentafel gab es für die Spieler keine Informationen - und forderte etwas mehr Engagement: »Lauft, Ihr Arschlöcher! Lauft! Uns fehlt noch ein Tor!« Aber nicht nur die Spieler rannten, auch die Zeit rannte, und zwar den Frankfurtern davon. Es lief schon die vorletzte Minute des Spiels. Kaum jemand im weiten Rund glaubte noch an das Wunder des Klassenerhalts. Da bekam der Norweger Jan Aage Fjörtoft den Ball kurz vor dem Strafraum zugespielt. Er lief in Richtung des Kaiserslauterer Tores. »Was machte er denn da für einen Blödsinn?« dachten viele Zuschauer. Der lange Schlaks täuschte ein Dribbling an, machte einen so genannten Übersteiger.

»Jetzt? Jan Aage, du Idiot? Ausgerechnet jetzt ein Übersteiger?« Den 50.000 Eintracht-Fans blieb beinahe das Herz stehen. Verzweifelte Schreie erfüllten das Stadion: »Schiiieeeßßßß!!!« Und Jan Aage schoss mit dem linken Fuß. Der Ball ging unhaltbar in das Kaiserslauterer Tor, da der Torwart sich von dem Übersteiger rechts herum hatte täuschen lassen. Und was sich dann auf den Tribünen des Stadions abspielte, war Ekstase und Freude pur. Wildfremde Menschen lagen sich in den Armen. Sie schrien, heulten, jubelten, gingen in die Knie, hielten sich die Hände vor das Gesicht, schluchzten vor Freude und Erleichterung. Alle Frankfurter sangen, sprangen, und ein wenig mussten sie noch bangen. Denn ein Tor für Nürnberg hatte den Abstieg bedeutet. Die Ergebnisse blieben nun aber stabil bis zum Ende. Frankfurt rettete sich, und das ganze Stadion feierte – mit Ausnahme der Kaiserslauterer Fans.

Dieses Fußballspiel ist im kollektiven Fangedächtnis in Frankfurt verankert. Es wird Fangenerationen überdauern und für die Beteiligten und Betroffenen ist es mit Sicherheit mehr gewesen als ein einfaches Bundesligaspiel. Aber auch, wenn Nürnberg noch ein Tor geschossen hätte und Frankfurt abgestiegen wäre, dieses Erlebnis wäre nicht in Vergessenheit geraten. Dass auch negative Spiele im Fangedächtnis haften bleiben, beweist das verlorene Endspiel um die Champions-League, 1999, zwischen Bayern München und Manchester United. In Barcelona verloren die Bayern durch Gegentore in der 90. und 92. Minute, das schon gewonnen geglaubte Spiel noch mit 1:2. Fragen Sie mal einen Bayern-Fan, wo er am 26. Mai 1999 gewesen ist. Er wird es Ihnen sicher sagen können. Wer solche Spiele erlebt hat, der wünscht sich ein ganzes Fanleben lang, so etwas noch einmal erleben zu dürfen. Als Bayern-Fan natürlich mit einem umgekehrten Ergebnis.

Fußballspiele, die von Vornherein mehr sind als gewöhnliche Spiele, sind die so genannten Derbys. Das sind Nachbarschaftsduelle zwischen extrem konkurrierenden Mannschaften. In Deutschland wird der Begriff Derby nur auf Vereinsmannschaften angewendet. In anderen Ländern gelten auch Länderspiele gegen Nachbarn als Derbys. Wenn Deutschland gegen Holland, Österreich oder Polen spielt, merkt man auch, dass es sich um kein gewöhnliches Spiel handeln kann. Die Bezeichnung »Derby« hätten sich die Spiele also allemal verdient. Der Begriff stammt aus dem Mittelalter. Dort spielten in der englischen Region Derbyshire benachbarte Dörfer eine frühe Vorform von Fußball gegeneinander. Da es bei diesen Spielen mit vollem Einsatz zur Sache ging, hat sich der Begriff Derby als Spiel zweier benachbarter Mannschaften eingebürgert.

Eines der berühmtesten Stadtderbys weltweit gibt es im schottischen Glasgow. Dort spielen Celtic Glasgow und die Glasgow Rangers regelmäßig die Landesmeisterschaft unter sich aus. Die Celtics sind ein katholischer Verein, die Rangers protestantisch. Die innerstädtische Rivalität wird hier also auch noch religiös verschärft. Das Ausmaß dieser Rivalität sollte einem Spieler klar sein, der bei einem der beiden Vereine spielt. Ein Spieler, dem diese Tragweite offenbar nicht bewusst war, ist Mo Johnston. Der spielte jahrelang bei Celtic Glasgow. Als Schotte und Katholik war das nichts Außergewöhnliches. Nach 99 Spielen und 55 geschossenen Toren verließ Johnston als Held der Celtics den Verein in Richtung Frankreich. Hier spielte er zwei Spielzeiten beim FC Nantes, um danach wieder nach Schottland zurückzukehren. Er war sich mit Celtic bereits so weit einig, dass er sich mit einem Celtic-Trikot fotografieren ließ. Das Ganze untermauerte er im Interview. »Celtic ist die einzige Mannschaft, für die ich spielen will«. Die Celtic-Fans freuten sich schon auf die Rückkehr des kurzzeitig verloren gegangenen Sohnes. Doch dann kam die Knallermeldung aus den schottischen Nachrichtentickern gerattert: Johnston wechselt nicht zu Celtic Glasgow. Vielmehr hat er sich für ein finanziell besseres Angebot entschieden und bei einem anderen

Verein einen Vertrag unterschrieben: Bei den Glasgow Rangers. »Puuuuh. Wie? Wo? Was hat er? Verdammt, Jenny, hol meine Dauerkarte aus dem protestantischen Fußballschrein und schmeiß schon mal den Kamin an!« Viele Rangers-Fans verbrannten ihre Dauerkarten, als sie hörten, dass der katholische Starkicker der Celtics bei ihrem Verein angeheuert hatte. Und wie ging es derweil im keltischen Teil Glasgows zu? »Puuuuh. Wie? Wo? Was hat er? Verdammt, Mary, hol meine Flinte aus dem katholischen Jagdschrein und steck' schon Mal Schrotkugeln in ausreichender Menge hinein!« Viele Celtic-Fans kannten nur noch eine Gefühlsregung für Mo Johnston: Hass. Der Spieler konnte sich monatelang nur noch streng bewacht von Bodyguards bewegen. Selbst als er sieben Jahre später nach Amerika auswanderte, um dort seine Karriere bei den Kansas City Wizards ausklingen zu lassen, wurde er noch oft von dort anwesenden Celtic-Anhängern als »Judas« beschimpft. Manche Dinge sollte man sich einfach gut überlegen. Und das hat Herr Johnston anscheinend nicht getan, als er sich für ein paar Dollar mehr für die Glasgow Rangers entschieden hatte.

Auch in Deutschland gibt es bekannte Rivalitäten, die einem Spieler, Fan und Trainer klar sein sollten. Das sind zum Beispiel Dortmund und Schalke, Hamburg und Bremen, Frankfurt und Offenbach, und auch Bayern München hat mit 1860 München einen Erzrivalen in der unmittelbaren Nachbarschaft. Der Sieg in einem solchen Derby kann eine ganze, ansonsten schlecht gelaufene Saison, für Mannschaft, Fans und Trainer retten. Man hat eventuell selbst nicht gut gespielt, aber Hauptsache man konnte mit einem Sieg im Derby dem Nachbarn noch eins auswischen. Im Umkehrschluss kann eine an und für sich gute Saison mit einer Derbyniederlage einen hohen Prozentsatz Glanz einbüßen. Viel Brisanz ist in Derbys schon aus Tradition vorhanden. Die Abneigung, viele Fans würden sagen, der Hass, wird von einer Fangeneration zur nächsten übertragen. Zusätzliches Öl ist im Derbyfeuer eigentlich nicht nötig. Aber das sehen einige Medien traditionell anders.

Ein besonders anschauliches Beispiel für Eskalations-Berichterstattung war das Spiel Polen gegen Deutschland bei der Fußball-Europameisterschaft 2008 in Österreich und der Schweiz. Die polnische Boulevard-Presse war dabei wesentlich erfolgreicher beim »Wer gießt das meiste Öl ins Feuer«-Spiel.

»Leo, bring uns ihre Köpfe«, forderte die Zeitung Super-Express 2008 den polnischen Nationaltrainer Leo Beenhakker auf. Ein echtes Highlight der geschmacklosen Fußball-Vorberichterstattung ist die Fotomontage der Zeitung, die die Forderung an den Trainer noch mal verbildlicht. Apropos verBILDlicht: Die deutsche Zeitung mit den vier Großbuchstaben verbreitete die polnischen Boulevardergüsse so lang und so breit, bis auch der letzte Leser wusste: »Ein normales Spiel wird das nicht!«.

Oft und gerne wird ein Fußballspiel in die Nähe eines Krieges gerückt. In Deutschland ist man aus historischen Gründen eher vorsichtig mit solchen Vergleichen. Aber viele andere Nationen haben da weniger Skrupel. So wird in der englischen Presse regelmäßig vor Spielen gegen

Deutschland von den »deutschen Panzern« geschrieben, die es zu vernichten gilt. Überhaupt fällt es manchem Engländer schwer, Fußball und Krieg zu unterscheiden. So sollen englische Offiziere im Ersten Weltkrieg mehrmals Angriffe auf deutsche Stellungen mit dem Ball voraus gestartet haben. Kickend lief der Offizier vor seiner Mannschaft, beziehungsweise seiner Kompanie her. Hatte er Glück, waren die Feinde erst mal zu verdutzt zum Schießen. Dann konnte der Vorstoß erfolgreich sein. So weit man bei Krieg von Erfolg sprechen kann. War dem Gegner aber egal, dass ein Ballspieler den Angriff führte, war es oft der letzte Ballkontakt im Leben eines englischen Offiziers und seinen Mitläufern.

Im Ersten Weltkrieg fanden auch die wahrscheinlich außergewöhnlichsten Fußballspiele der Geschichte statt. An Heiligabend 1914 gab es an der Westfront in Frankreich Ungewöhnliches. Deutsche Soldaten stellten Weihnachtsbäume auf und sangen Weihnachtslieder. Die verdutzten Engländer im Schützengraben gegenüber stimmten irgendwann in die Lieder mit ein. Nun sangen die Feinde, die sich eigentlich gegenseitig erschießen sollten, gemeinsam »Stille Nacht« und andere internationale Christmas-Hits. Es entstand, mitten in einem der unmenschlichsten Kriege der Geschichte, eine kleine Oase des Friedens. Mehrere Tage lang schossen die Feinde einfach nicht mehr aufeinander. Stattdessen traf man sich im Niemandsland, wie das Feld zwischen den Schützengräben genannt wurde. Dort redete man, trank, fotografierte und lachte. Die Soldaten, nicht die Offiziere, merkten, wie ähnlich sie sich waren. Sie hatten gleichermaßen die Nase voll von dem Krieg, den sie nicht mehr als ihren eigenen anerkannten. Und was machen Männer noch gerne, um sich die Zeit zu vertreiben? Richtig, sie spielen Fußball. Und so wurde viel und ausgiebig gekickt entlang der Front. Vor allem die Engländer verfügten im Nachschub über eine Vielzahl an Fußbällen.

Aber auch an Stellen, wo keine Bälle aufgetrieben werden konnten, wurde Fußball gespielt. Entweder die Soldaten bastelten sich Bälle aus Draht und Stroh oder sie spielten einfach – wie kleine Jungs – mit Dosen. Als Torpfosten dienten Pickelhauben oder Holzstöcke. Es gibt Berichte von Soldaten über regelrechte Länderspiele. So sollen Sachsen gegen Schotten gespielt haben, Bayern gegen Franzosen und Preußen gegen Engländer. In verklärten Erinnerungen von Überlebenden werden auch Ergebnisse – meistens Siege der eigenen Mannschaft – überliefert.[30] Leider hielt dieser kleine Frieden nicht lange. Die Obrigkeit beider Lager zwang die Fußballspieler schon bald wieder dazu, mit Waffen aufeinander zu schießen. Anfangs schossen die Soldaten noch absichtlich über ihre neuen Sportkameraden, aber lange ließen sich die Offiziere nicht an der Nase herumführen. Der kurze Aufstand von unten wurde beendet, das hirn- und sinnlose Töten ging noch jahrelang weiter. Die Spiele im Niemandsland zwischen den Schützengräben waren also – zumindest kurzzeitig – Entspannung und Frieden stiftend. In Friedenszeiten dienen Fußballspiele oftmals als Möglichkeit, ohne Krieg eigene Überlegenheit zu demonstrieren. Um so wichtiger ist es für die Spieler und alle anderen Beteiligten, in diesen Spielen nicht zu versagen.

1974 fand das einzige Spiel zwischen den beiden damals nebeneinander existierenden deutschen Staaten statt: Die BRD spielte bei der Fußballweltmeisterschaft im – damals noch eigenen Land – gegen die DDR, die im »imperialistisch, kapitalistischen Ausland« antreten musste.

Ein bisher wenig beachteter Schachzug des DDR Ministeriums für Staatssicherheit (MfS), war es (möglicherweise), der das Spiel zu Gunsten der DDR kippen ließ. Die Staatssicherheit der DDR (Stasi) sandte mehrere Hundert ihrer Spitzel, bzw. Offiziere, in das Hamburger Volksparkstadion, um die DDR-Kicker maßvoll, aber effizient zu unterstützen. Wie die Unterstützung auszusehen hatte, war auch ministeriell vorgeschrieben: »Die DDR-Touristen verwenden bei ihrer Unterstützung der Sportler den bekannten Zuruf der sportbegeisterten Bürger der DDR: ›7 - 8 - 9 - 10 - Klasse‹ und spenden kräftig Beifall. Sie verhalten sich dabei diszipliniert und vermeiden jede den Rahmen sprengende Übertreibung«.[31]

Getrieben von der Sympathie der mehreren hundert Stasispitzel und beflügelt durch die diszipliniert vorgetragenen »7-8-9-10 Klasse« Sprechchöre, nagelte Jürgen Sparwasser nach schönem Solo die Kugel über Sepp Mayer hinweg zum entscheidenden 1:0 ins bundesdeutsche Tor. David DDR schlug also Goliath BRD und die Fußballwelt zählte: »7-8-9-10 Klasse«. Genutzt hat es bekanntermaßen nichts. Die DDR schied bald darauf aus und die Bundes-Deutschen wurden Weltmeister. »10-9-8-7 Scheiße« wurde daraufhin im Ministerium für Staatssicherheit wahrscheinlich zum Sommerhit '74.

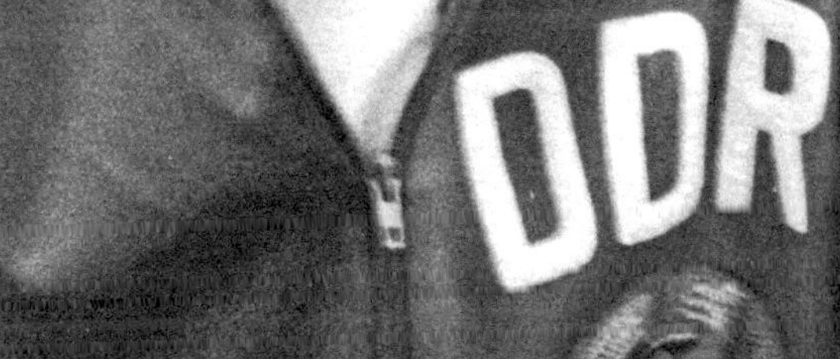

Der Schrecken des Westens: Jürgen Sparwasser, 1974

Fußball, Macht, Politik – macht Fußball Politik?

Was heute Bier und Bundesliga sind, waren im antiken Rom Brot und Spiele. Grundnahrungsmittel und Unterhaltungsprogramm sollten schon vor 2.000 Jahren die Menschen von der Revolution abhalten. Dafür mussten die Spielteilnehmer der Antike ungleich mehr einsetzen, als es heutige Profikicker tun. Fehlende Leistungsbereitschaft und mangelnde Fitness bezahlten Gladiatoren häufig mit dem eigenen Leben. Im antiken Rom waren die Kaiser die Veranstalter der großen öffentlichen Spektakel. Herrschaft durch Spiele. Hauptsache das Volk war amüsiert und rebellierte nicht. So einfach haben es heutige Präsidenten und Bundeskanzlerinnen nicht mehr. Sie dürfen die Spiele nicht mehr selbst veranstalten. Erschwerend ist es mittlerweile auch untersagt, bei den Spielen Menschenleben einzusetzen, um den Nervenkitzel für die Zuschauer zu erhöhen. Deshalb müssen moderne Staatsmänner und -frauen zusehen, dass etwas von der Strahlkraft des Fußballs auf das eigene kleine Licht abfällt. Es ist für sie wichtig, zur rechten Zeit am richtigen Ort zu sein. Auf keinen Fall umgekehrt: Bei der historisch größten Heimpleite in Reihe Eins gesehen zu werden, kann die Karriere kosten.

Genau so Karriere schädigend kann es sein, beim Gewinn einer Meisterschaft nicht zu den ersten strahlenden Gratulanten zu gehören. Die Kunst, da zu sein, wenn Licht und Glanz abfärben und rechtzeitig abzutauchen, wenn Dreck und faule Eier fliegen, macht einen erfolgreichen Politiker aus. Parteiprogramme werden da schnell zur Nebensache. Das dachte sich auch Gerhard Schröder, der nach der WM 2006 im eigenen Land eine Bundestagswahl erwartete. Schröder, der Fußballkanzler, den seine Fußballkumpel »Acker« nannten. Nach einer erfolgreichen WM wäre er genau der richtige Mann für das Kanzleramt. Dagegen herrschte große Angst bei der CDU/CSU-Fraktion. Können wir wirklich mit Angela Merkel, einer Frau, in diese Bundestagswahl gehen? Eine Frau, die noch nie im Zusammenhang mit Fußball in Erscheinung getreten war. Bislang war sie höchstens auffällig geworden durch mangelndes Interesse am Fußballsport. Zum Glück für die Unionsfraktion wurden die Wahlen, mangels Vertrauensbasis im Bundestag, für Kanzler »Acker« vorgezogen. So konnte Angela Merkel unbeeinflusst von der Fußball-Weltmeisterschaft bereits 2005 Bundeskanzlerin werden. Und während des Turniers im eigenen Land bewies sie nach und nach, dass auch eine Bundeskanzlerin gut für die Fußballstimmung im Lande sein kann.

Lange bevor es Fußballweltmeisterschaften und Bundeskanzlerinnen gab, war der Einfluss der Staatsmacht auf den Fußball noch etwas größer als heutzutage. So konnte man als englischer oder schottischer König des Mittelalters das Fußballspiel noch kurzerhand

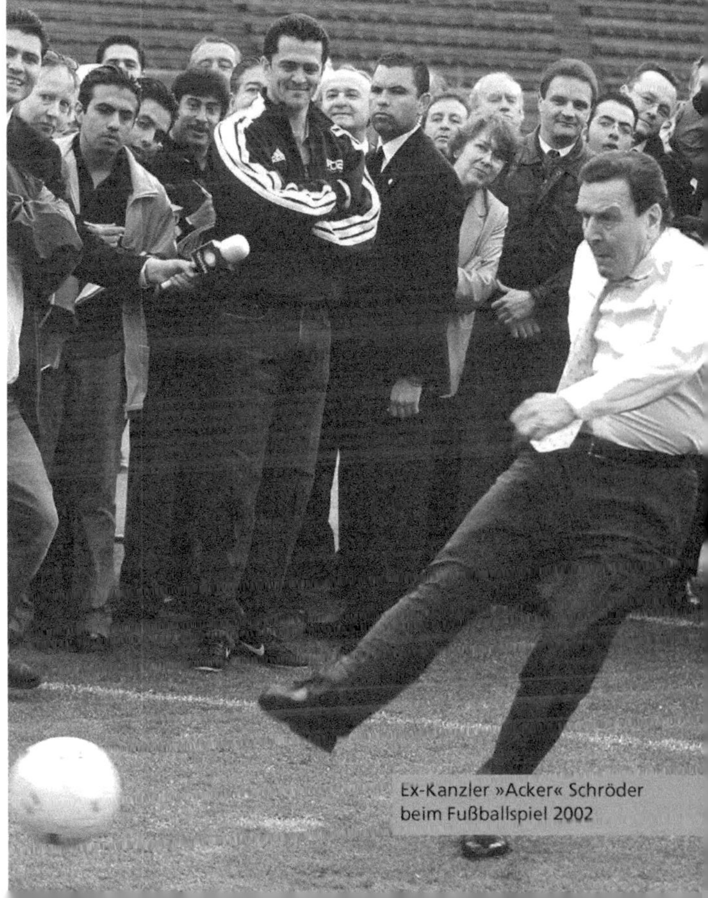

Ex-Kanzler »Acker« Schröder beim Fußballspiel 2002

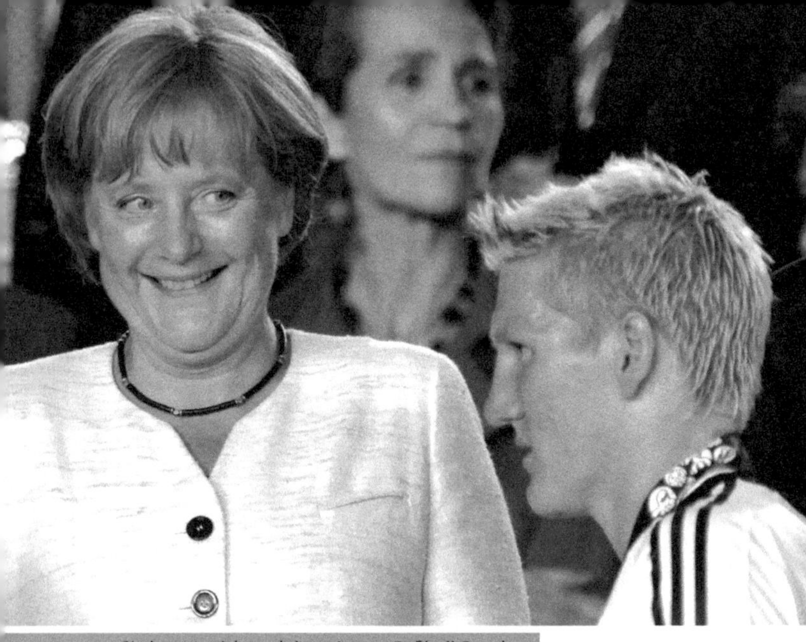

Sie konnte sich auch begeistern: Fußball-Bundeskanzlerin Angela Merkel 2008 bei der EM

verbieten. Bei Strafandrohung der Einkerkerung sogar. Die Untertanen sollten damals nützlicheren Beschäftigungen nachgehen. Beispielsweise Bogenschießen gefiel den meisten Fußball verbietenden Königen gut.

Man möchte sich nicht ausmalen, was passiert, wenn ein Bundeskanzler heute das Fußballspielen verbietet. Die dafür als Ersatz angebotenen Mathematik- und Physikkurse wären sicher nicht ausgebucht. Stattdessen stünde der Ruhrpott in Flammen und auch im Rest der Republik wäre der soziale Frieden erst einmal dahin. Wobei auch die unzähligen Verbote englischer Könige des Mittelalters dem Volksfußball nicht den Garaus machen konnten. Das Spiel überdauerte die Könige und die ständig wiederkehrenden Verbote relativ unbeschadet. Sonst hätte sich der Fußball nicht Ende des 19. Jahrhunderts von England aus in die ganze Welt verbreiten können.

In der Schweiz begegnete zu dieser Zeit der deutsche Schüler Walther Bensemann dem Fußball-Sport. Er war sofort Feuer und Flamme für das Spiel der englischen Gentlemen. Als er nach Deutschland zurückkehrte, hatte er auch eine Menge Know-How in Sachen Fußball im Gepäck. Bensemann war an der Gründung vieler Fußballvereine im Süden Deutschlands beteiligt. Unter anderem gründete er die Frankfurter Kickers, ein Vorläufer der Frankfurter Eintracht. Und auch einen Vorgängerverein von Bayern München, den MTV München, hob er mit aus der Taufe.[32] Bevor diese beiden Vereine aber erste Erfolge erzielten, war ein anderer Verein Bensemanns erheblich erfolgreicher. Der Karlsruher FV wurde 1910 deutscher Meister und war lange Zeit in Süddeutschland der führende Club. Hier trat Bensemann auch selbst erfolgreich gegen den Ball. Neben dem sportlichen und spielerischen Element war Bensemann schnell die politische Dimension des Spiels bewusst. Er verstand den Fußball immer als grenzüberschreitendes Spiel, das Völker und Stände miteinander verbinden konnte. So arrangierte der umtriebige Fußball-Pionier schon 1893 ein Fußballspiel gegen ein französisches Team aus Lausanne. Was heute ganz normal ist und dank Europäischer Union sogar grenzfrei machbar ist, war damals noch etwas Besonderes. Frankreich war schließlich der »natürliche«

Erzfeind im Westen. Die Absage, die Bensemann von einer französischen Zeitung erhielt, als er versuchte, ein Spiel der Meister beider Länder zu arrangieren, bestätigte das: »Wenn wir nach Straßburg kommen, werden wir mit unseren Kanonen kommen«,[33] stand da zu lesen. Bleikugeln statt Lederbälle. Das war nicht das Spiel des Walther Bensemann. Er suchte also nach weiteren sportlichen Herausforderungen, die nebenbei noch zur Völkerverständigung beitragen sollten. Gegen viele Widerstände gelang ihm 1899 eine kleine Sensation. Er konnte eine englische Auswahlmannschaft gewinnen, zu Länderspielen in Deutschland anzutreten. Diese vier Spiele der englischen Starkicker gegen deutsche Auswahlmannschaften gingen als »Ur-Länderspiele« in die deutsche Fußballgeschichte ein. Die Engländer gewannen jeweils zweistellig. Aber sie ließen keine frustrierten Deutschen zurück, die reihenweise ihre Fußballschuhe an den Nagel hängten. Viel mehr weckten sie bei vielen deutschen Kickern die Lust am Spiel neu. Die Perfektion der englischen Fußballer stachelte den Ehrgeiz vieler Spieler an, die ebenso filigran mit dem Ball umgehen wollten.[34]

Bensemann war 1904 auch bei der Gründung des Deutschen Fußball-Bundes dabei. Er hatte damals den Namen vorgeschlagen. Nachdem er eine Fußballinstitution Deutschlands nach der anderen mitbegründete, hätte er sich irgendwann zufrieden aufs Altenteil zurückziehen können. Tat er aber nicht. Ein großes Anliegen hatte er noch: Eine Zeitung zum Thema Fußball musste her. Also gründete Bensemann 1920, zunächst im Ein-Mann-Verlags-Redaktions-Verbund, eine Fußball-Zeitschrift. Er gab ihr einen eingängigen Namen, der heute noch jeden Montag etwa 350.000 Mal an deutschen Zeitungskiosken genannt wird: »Ein Mal den ›Kicker‹, bitte«.

Bensemann hatte also einen enormen Anteil an der Entwicklung des Fußballs in Deutschland. Gibt es sonst noch etwas über ihn zu sagen? Ja, denn Bensemann wurde zweimal aus seinem Beruf entlassen. In Freiburg wurde er aus dem Schuldienst entfernt, da er mit den Gymnasiasten nach dem Fußballtraining auch mal ein bis zwei Bier getrunken hatte. Heutige Trainer müssen den Hut nehmen, wenn sie dreimal hintereinander kein Bier mit ihren Spielern trinken gehen. So ändern sich die Zeiten. Im Jahr 1933 verließ Bensemann nicht nur die Redaktionsstuben des »Kicker«, sondern er verließ auch gleich das Land. Die Jahreszahl lässt es bereits vermuten: Bensemann konnte sich mit den neuen Nazi-Machthabern nicht arrangieren. Als Jude hatte er dazu auch keine realistische Chance. Bensemann wanderte in die Schweiz aus, wo er ein Jahr später, 1934, starb. Im Sommer des Jahres konnte er immerhin noch die Fußball-Weltmeisterschaft in Italien besuchen.

Überhaupt waren in der Pionierzeit des Fußballs viele Juden in den Vereinen tätig. Ob Spieler, Trainer, Sponsoren oder Funktionäre – für alle Menschen jüdischen Glaubens wurde es ab 1933 ungemütlich. Schon bald gab es von den Vereinen und auch vom DFB Bestrebungen, alles Jüdische aus dem deutschen Fußball zu entfernen.[35] Natürlich ist den Juden in Deutschland damals viel Schlimmeres widerfahren, als aus Fußballvereinen verdrängt zu werden. Aber dieses Kapitel deutscher Fußballgeschichte wurde lange Zeit einfach totgeschwiegen. So, als wäre der Fußball unpolitisch durch die Nazizeit gerollt. Erst wurden alle Juden aus den Vereinen gedrängt. Dann folgten obligatorische Wehrsportabende für alle Jugendkicker. Ab 1934 durfte dann bereits kein Kind oder Jugendlicher mehr in einen Fußballverein eintreten, wenn er nicht auch Mitglied der Hitler-Jugend war. Gründlich, wie in allen anderen Bereichen des Lebens auch, wurde der Fußball nun von den Nazis vereinnahmt. Verbände, Vereine, Funktionäre, Medien, Trainer, Spieler, Betreuer, einfach alles und jeder wurde auf Linie gebracht. Oder aber entfernt. Im deutschen Fußball gab es für sie keinen Platz mehr.

Als 1945 der braune Spuk vorbei war, musste auch der Fußball erst mal aus seinem Trümmerdasein auferstehen. Geregelter Spiel- und Ligabetrieb war kaum möglich. Das Land hatte einen Berg voll anderer Sorgen. Nach zwei angezettelten und verlorenen Weltkriegen innerhalb kürzester Zeit hatte Deutschland ein erhebliches Imageproblem Mitte des 20. Jahrhunderts. Es gab nicht wenige Nationen, die das Land am liebsten komplett von der Karte genommen hätten. So wurde es aufgeteilt.

Und auch hier war es der Fußball, der für Deutschland das erste positive Signal in die Welt sendete. Der Gewinn der Fußball-Weltmeisterschaft 1954 zeigte nach Innen und nach Außen, dass Deutschland auch friedlich in der Lage war, etwas zu leisten. Es gibt nicht wenige Stimmen, die sagen, ohne das »Wunder

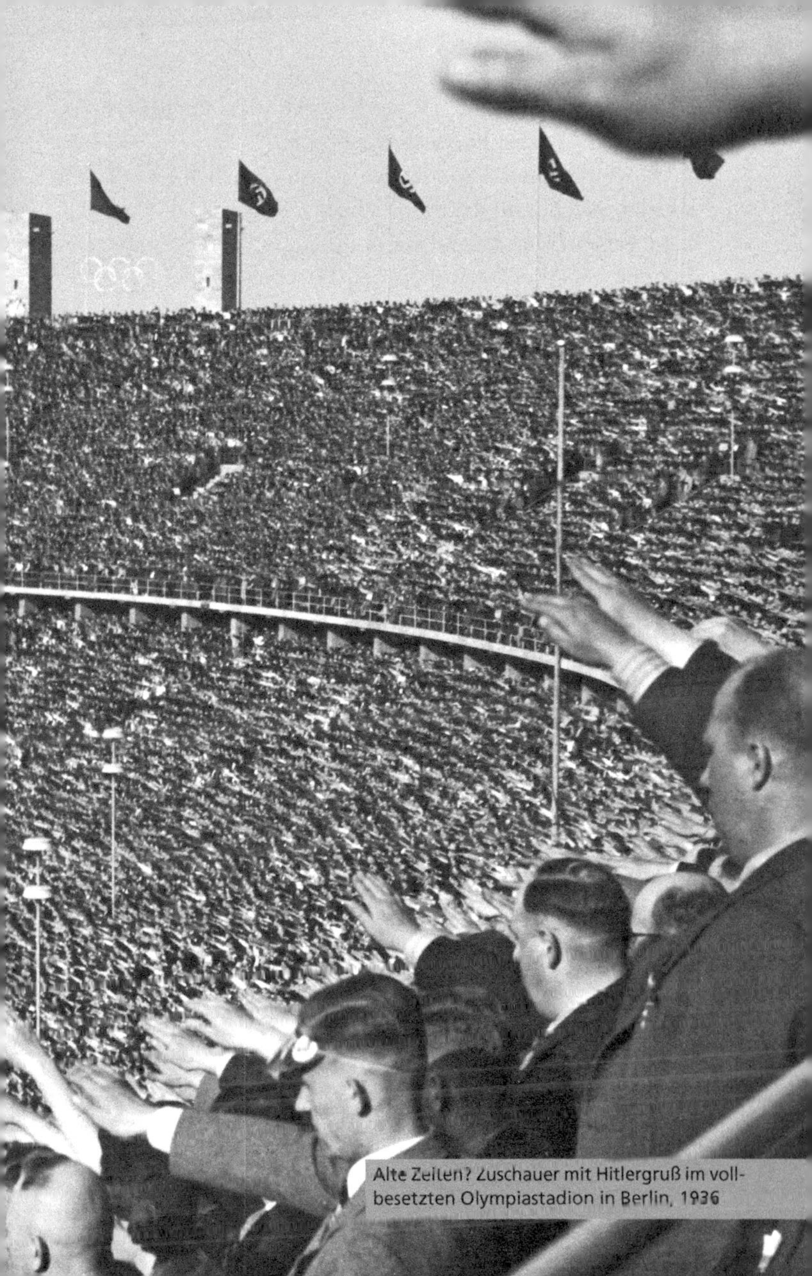

Alte Zeiten? Zuschauer mit Hitlergruß im vollbesetzten Olympiastadion in Berlin, 1936

von Bern«[36] hätte das Wirtschaftswunder der 1950er Jahre nicht in der Form stattgefunden.[37]

Davon können die Ungarn ein umgekehrtes Lied singen. Nachdem sie als haushoher Favorit das Endspiel gegen Deutschland verloren hatten, kam es in der Heimat zu Ausschreitungen und Protesten. Die gute Stimmung im Lande war dahin. Die Regierung sah sich massiven Anfeindungen ausgesetzt. Während die deutschen Spieler eine Triumphfahrt durch Deutschland antraten, kletterten die Ungarn klammheimlich, vor Erreichen des Budapester Bahnhofs, aus dem Zug. Die Angst war groß, dass es zu Übergriffen auf Spieler und Funktionäre kommen könnte.

Was in Ungarn 1954 noch relativ glimpflich verlief, ist 14 Jahre später im Anschluss an ein WM-Qualifikationsspiel komplett eskaliert. Honduras spielte am 14. Juli 1969 in Mexiko-City ein Entscheidungsspiel gegen El Salvador. Der Sieger konnte zur Weltmeisterschaft 1970 nach Mexiko fahren, der Verlierer nach Hause. In der Nachspielzeit der Begegnung schoss El Salvador das entscheidende 3:2. Honduras war damit ausgeschieden. Bei den anschließenden Zuschauerausschreitungen starben mehrere Menschen. El Salvador entschloss sich zum militärischen Einmarsch in Honduras. Natürlich lagen die Gründe für den Krieg nicht in erster Linie beim Fußball. Aber der kurze militärische Konflikt, dem gut 3.000 Menschen zum Opfer fielen, ging als Fußballkrieg in die Geschichte ein.[38]

Nicht um einen Krieg anzuzetteln, aber um Nachwuchs zu rekrutieren, suchten Rechtsradikale in den 1980er Jahren vermehrt den Kontakt in die deutsche

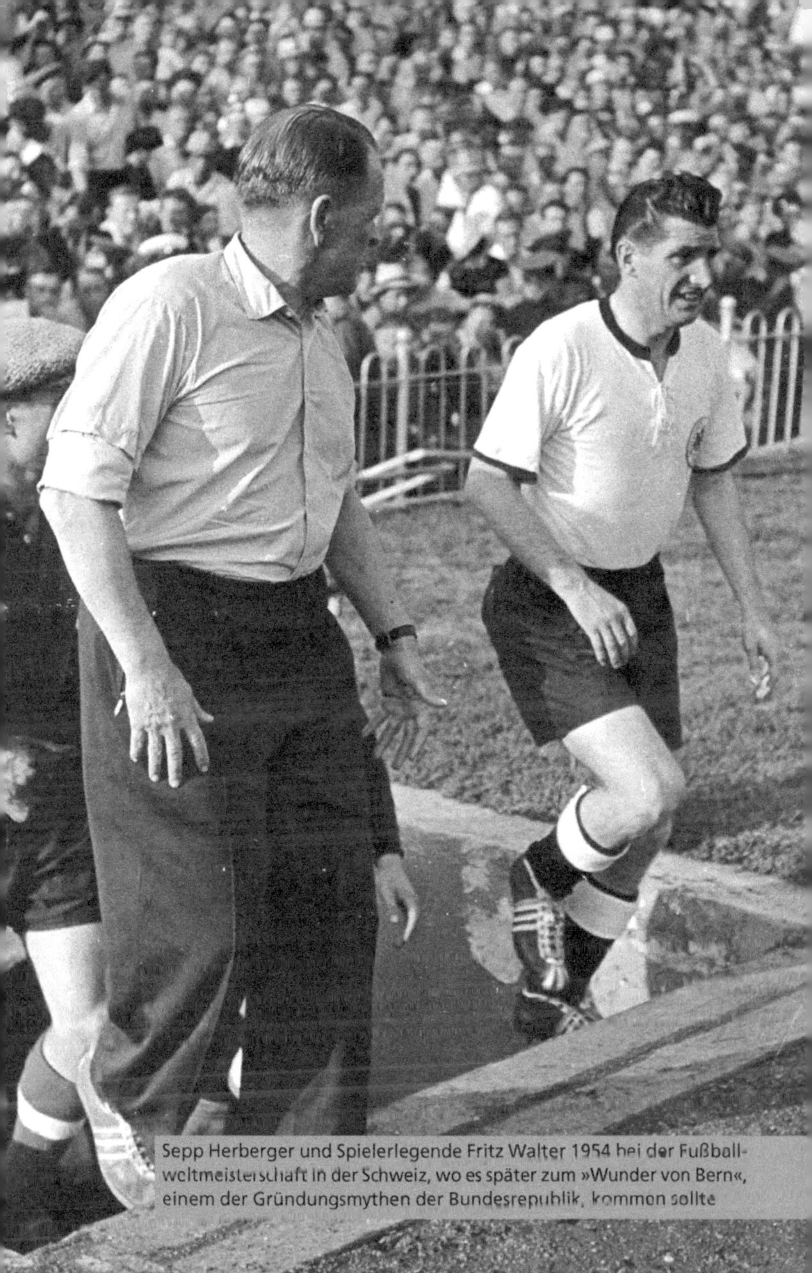

Sepp Herberger und Spielerlegende Fritz Walter 1954 bei der Fußballweltmeisterschaft in der Schweiz, wo es später zum »Wunder von Bern«, einem der Gründungsmythen der Bundesrepublik, kommen sollte

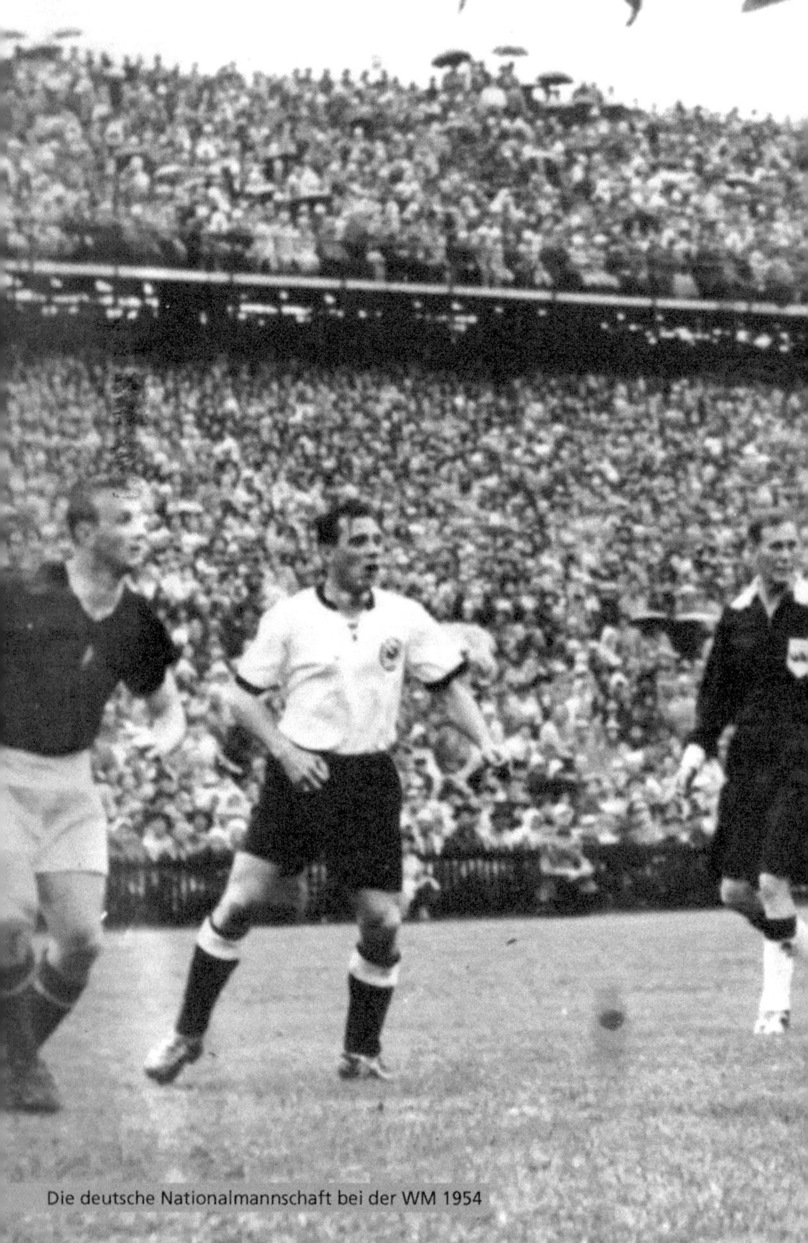

Die deutsche Nationalmannschaft bei der WM 1954

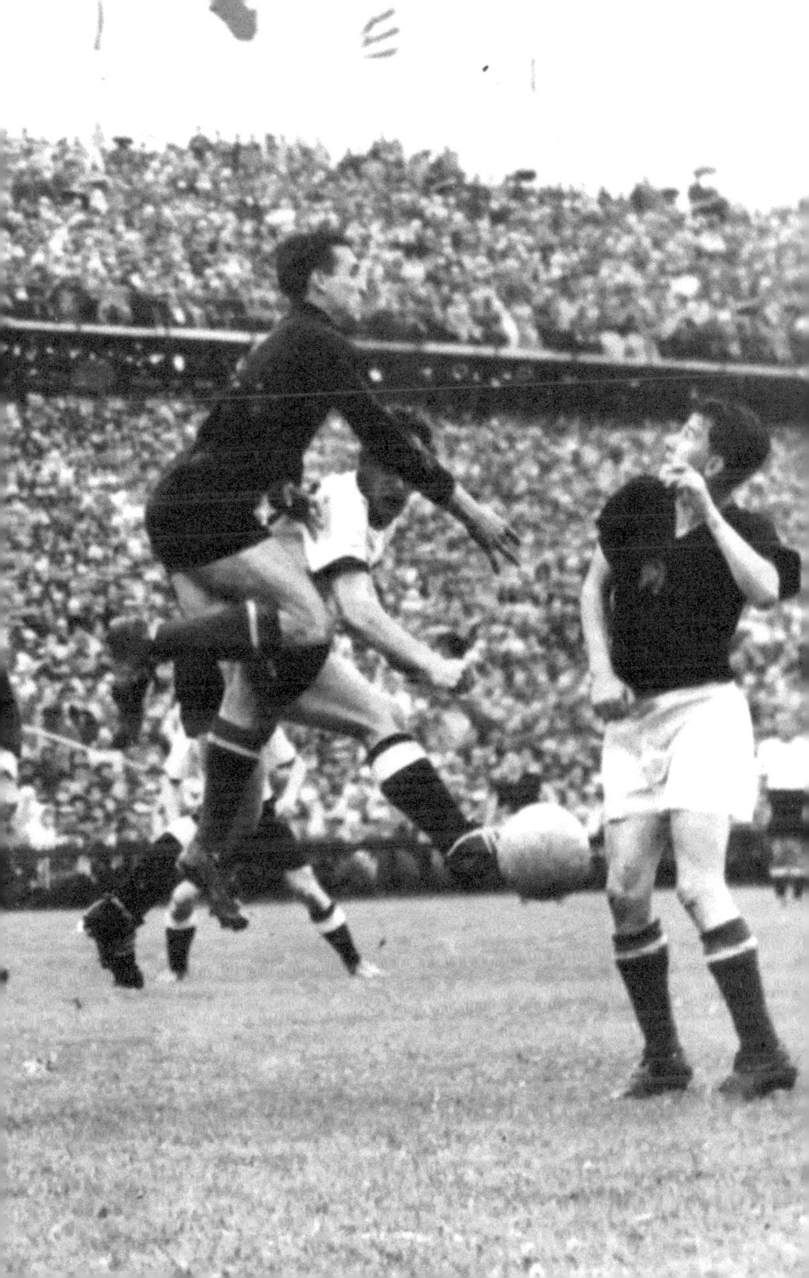

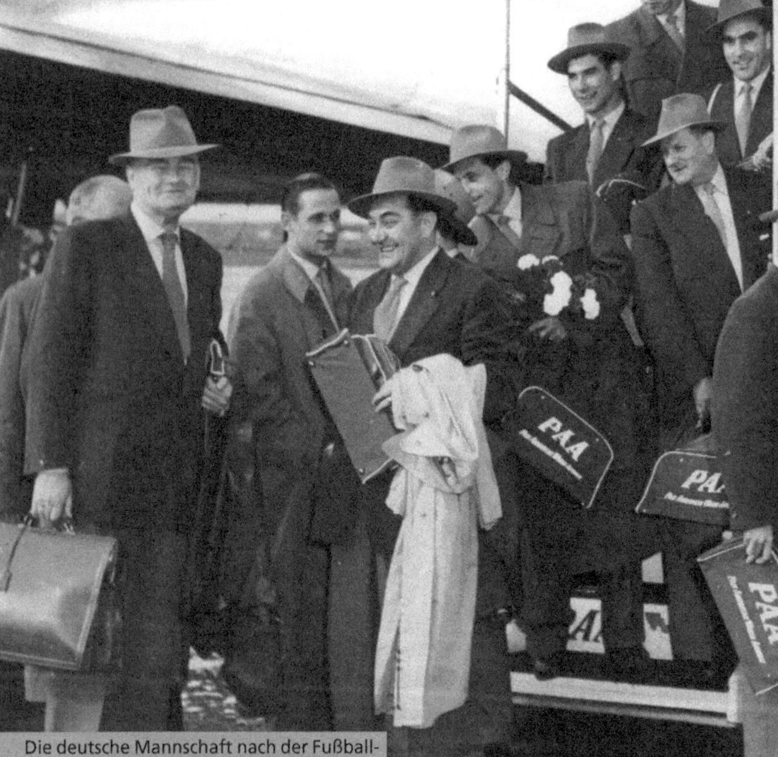

Die deutsche Mannschaft nach der Fußball-Weltmeisterschaft 1954 am Flughafen

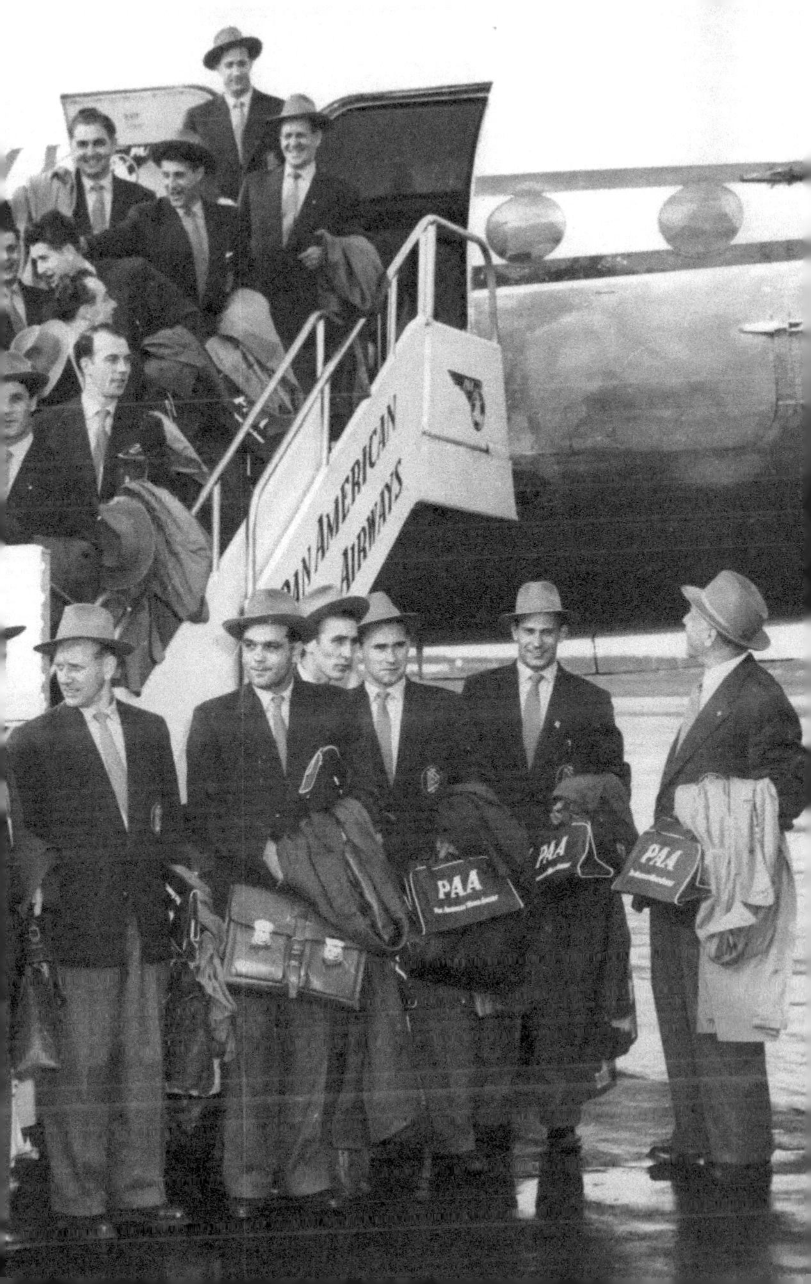
PAN AMERICAN
AIRWAYS
PAA
PAA
PAA

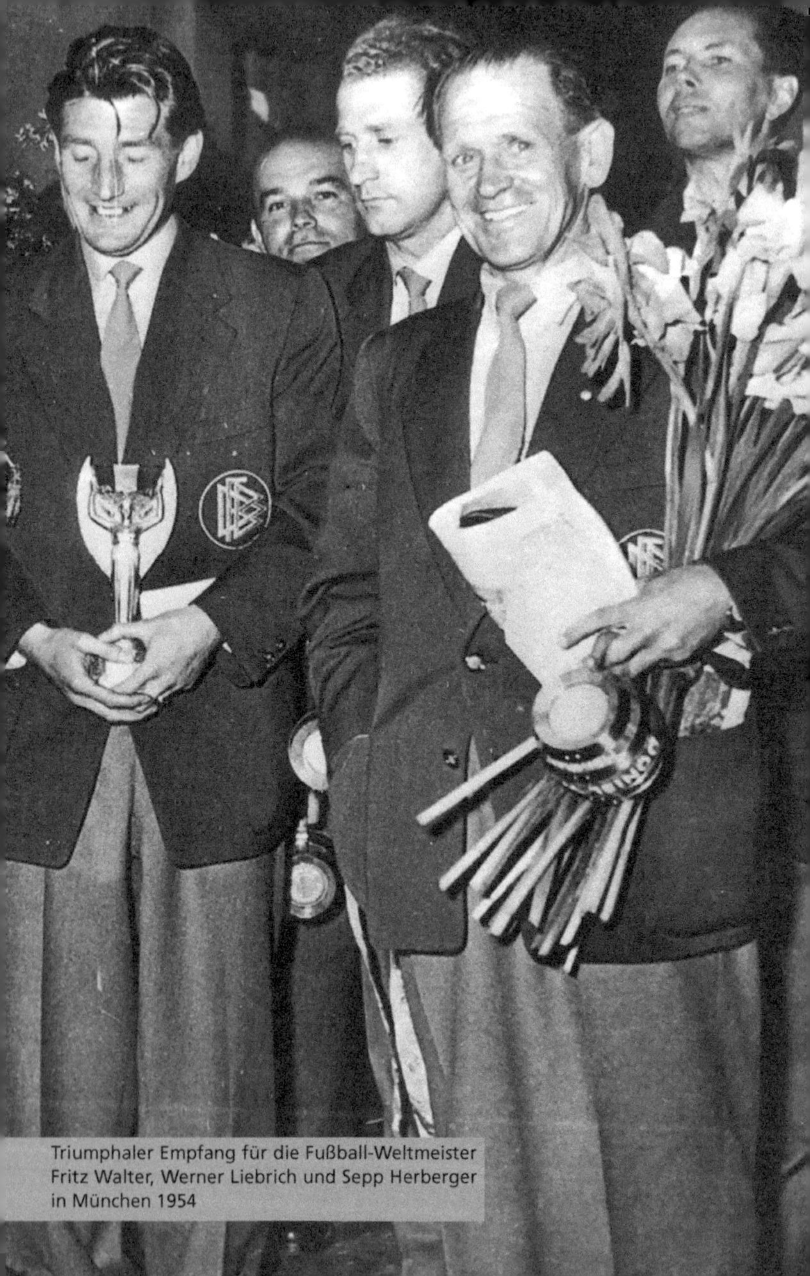

Triumphaler Empfang für die Fußball-Weltmeister
Fritz Walter, Werner Liebrich und Sepp Herberger
in München 1954

Fanszene. In einigen Stadien konnten die Rechten enormen Einfluss gewinnen. So war beispielsweise der Anführer der Dortmunder Hooliganorganisation »Borussenfront«, Siegfried Borchardt, ein polizeibekannter Rechtsradikaler. Sein Spitzname »SS-Siggi« kam nicht von ungefähr. Die gesamte »Borussenfront« stand der ultrarechten FAP (Freiheitliche Arbeiterpartei Deutschland) nah.[39] Auch in anderen deutschen Hooliganszenen gab es rechtsnationale Unterwanderung. Aber Hooligans, die an einem Tag rechte Parolen schrien, gaben eine Woche darauf sozialistische Parolen zum Besten. Je nachdem, was den Gegner mehr provozieren konnte. Bambule ging meistens vor politischer Überzeugung. Rassismus und Antisemitismus waren lange Zeit an der Tagesordnung in deutschen Stadien. »Jude, Jude« oder »Zick Zack Zigeunerpack« war in den 1990er Jahren noch häufig in verschiedenen deutschen Stadien zu hören. Vor allen Dingen in unteren Klassen in Ostdeutschland werden auch heute noch Ausländer und Juden verunglimpft.[40]

Bei den meisten Bundesligisten führen rassistische und rechtsradikale Äußerungen heutzutage zu Stadionverboten und sogar Strafanzeigen. Deshalb ist zu hoffen, dass Rechtsradikalismus und Rassismus auf Dauer keinen Platz mehr finden in deutschen Fußballstadien. Zusammenfassend kann man es mit Berti Vogts sagen: »Hass gehört nicht ins Stadion. Solche Gefühle soll man gemeinsam mit seiner Frau daheim im Wohnzimmer ausleben.«[41] Wobei den zweiten Satz des Zitates jeder für sich noch mal hinterfragen sollte. Da scheint ein wenig Vogts'sches Privatleben mit hinein gerutscht zu sein.

Paul Breitner im Jägermeister-Trikot, 1970er Jahre

Fußball und Kommerz – oder wie der Hirsch auf's Trikot kam

Was haben Fußball und Kommerz miteinander zu tun? Von Natur aus gar nichts. Aber seit Jahrzehnten findet eine Verschmelzung des Fußballspiels mit der Welt des Profits statt. Am Anfang war der Spieltrieb. Dann kam der Ball. Hernach die Regeln. Darauf folgte der Wettkampf. Und ab dem Moment nahm sie ihren Lauf: die Kommerzialisierung des Fußballsports.

Es gab in England schon 1885 bezahlte Fußballspieler. Zuschauer bezahlten Eintritt. Rund um die Fußballspiele entstanden Märkte. Essen, Trinken, Fahnen, Hemden, Hosen, Jacken und Mützen in Vereinsfarben, Hupen, Trillerpfeifen, Rasseln und viele Dinge mehr: Verkauft wurde, was zu verkaufen war. Aber: Es handelte sich meistens um greifbare Dinge, die dem Kern des Spiels nicht zu Nahe traten. Die Fußballer wurden anfangs nicht bezahlt wie Fürsten, sondern wie normale Arbeiter. Sie spielten in der Regel in dem Verein ihrer Heimatregion. Sie hingen häufig mit dem Herzen am Verein und der Region.

Die Eintrittspreise zu den Fußballspielen waren bezahlbar. Ein Familienvater aus der Arbeiterklasse konnte es sich ohne Probleme erlauben, seine beiden Söhne mit zum Spiel zu nehmen, und den Nachbarsjungen hatte er auch noch im Budget. Man ging gemeinsam zum Spiel. Jeder wusste, zu wem er zu halten hatte. Der Heimatverein mit Kickern der Region bot haufenweise Identifikationspunkte für die Fans, die damals noch Zuschauer hießen. Aber nach und nach schlich er immer weiter in die gute Fußballstube: Der, der dem Fußball so gut tut, wie der Gilb dem Vorhang: der Kommerz. So kam es schon bald vor, dass Fußballspieler nicht mehr unbedingt in dem Verein ihrer Heimatstadt spielten, sondern in dem Verein, bei dem das meiste Geld verdient werden konnte. Deshalb waren die Vereine jetzt gefragt, das nötige Geld zu beschaffen, damit die überdurchschnittlich gut kickenden Angestellten nicht zur Konkurrenz wechselten. Zunächst waren die einfachen Möglichkeiten dran: mehr Zuschauer, höhere Eintrittspreise, Bratwurst und Bierverkauf selbst in die Hand nehmen und mehr Fahnen und Vereins-Hemden zu verkaufen. Aber irgendwann reichte das nicht mehr. Also kannte der Einfallsreichtum der Geldbeschaffer keine Grenzen mehr. Es kamen Ideen auf, die man sich noch vorher in den kühnsten Träumen nicht ausgemalt hätte: In den Fußballstadien durfte gegen Geld Werbung gemacht werden. Heutige Werbebanden sind in modernen Stadien richtige Hightech-Maschinen. Zusätzlich werden vor, nach und zwischen dem Spiel Werbebotschaften mittels Videowürfel oder Anzeigentafel an den zuschauenden Mann und die mitfiebernde Frau gebracht.

Die Trikots der Spieler wurden als Werbeflächen vermietet. Gegen Geld druckten sich die Vereine beinahe alles auf die Hemden. Dem berühmten Likör-Hirschen auf den Hemden von Eintracht Braunschweig, 1973, folgten unzählige andere Firmen. Ähnliche Aufmerksamkeit wie dem »Jägermeister«-Hirsch wurde später noch mal dem Kondomhersteller »London« zuteil. Dieser sicherte sich 1987/88 die Trikots des FC Homburg gegen den ausdrücklichen Protest des DFB. Aber genau wie Eintracht Braunschweig damals stieg der FC Homburg, mit der aufsehenerregenden Werbung auf der Brust, aus der ersten Bundesliga ab.

Die Bundesliga verkaufte die Fernsehübertragunsrechte an die interessierten TV-Anstalten. Was in der Saison 1967/1968 noch schlappe 400.000 DM einbrachte, wird heutzutage mit 433 Millionen Euro jährlich verkauft.[42] Bezahlfernsehen und Sportschau machen es möglich.

Die Vereine lassen sich dafür bezahlen, mit bestimmten Markenhemden und -hosen aufzulaufen. Auch das Schuhwerk der Spieler ist vorgeschrieben und durch Sponsorenverträge geregelt.

Zum Ärger der Vereine sind die Mittel des durchschnittlichen Stadionbesuchers begrenzt. Er ist deshalb nicht unendlich belastbar. Die Eintrittspreise sind dementsprechend nach oben begrenzt – was bei dem

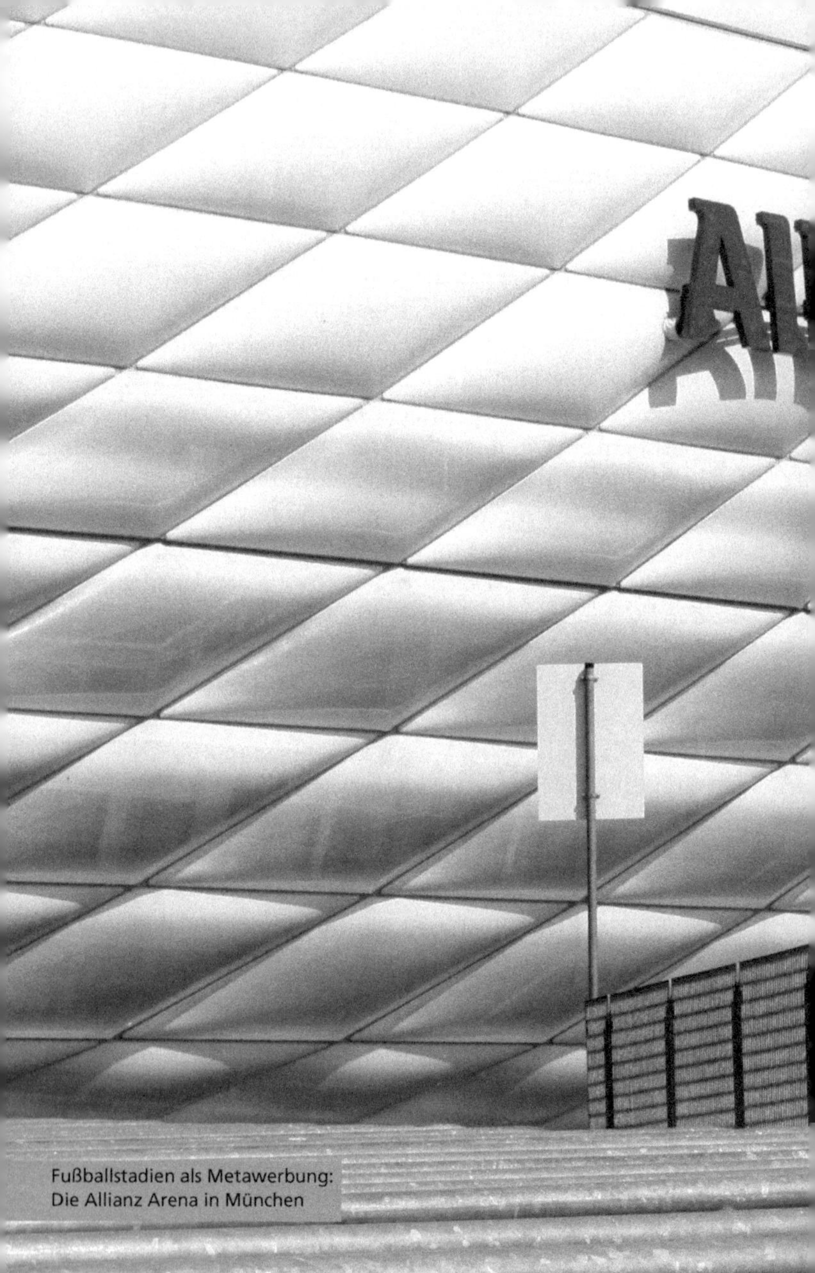
Fußballstadien als Metawerbung:
Die Allianz Arena in München

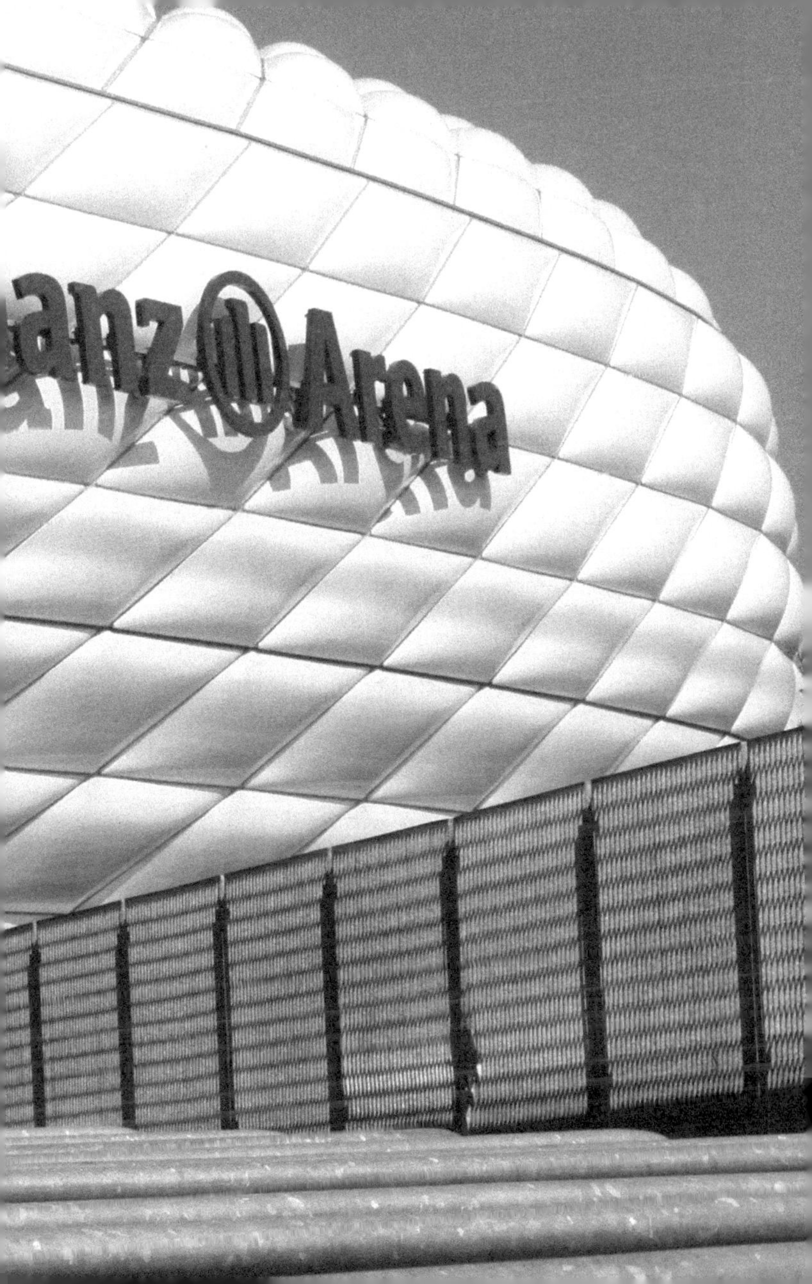
anz Arena

ein oder anderen Clubmanager durchaus zu verfrühtem Haarausfall führte. Um dem entgegenzuwirken und auch, um die Einnahmen zu vermehren, musste wieder eine Erfindung her: die VIP-Loge. Hier konnten die Vereine endlich wieder ein paar neue Nullen an die Zuschauereinnahmen anhängen. Die VIP's (»Sehr Wichtige Leute«) und Firmen, die »Sehr Wichtigen Kunden« etwas bieten wollen, sind bereit, für eine VIP-Loge je Saison mehrere Hunterttausend Euro auf die Vereinstheke zu blättern.

Fußballstadien, die Tempel der Fußball-Pilgerer, Stätten voller Mythen und Tradition, mit Namen so berühmt wie legendäre Fußballhelden: Westfalenstadion, Ruhrstadion, Parkstadion, Waldstadion, Neckarstadion, Olympiastadion, Müngersdorfer Stadion und viele weitere mehr. Was machen die Geldbeschaffer der Vereine? Sie pfeifen auf Mythos und Tradition und verscherbeln die Namen der Fußballstadien an den Höchstbietenden. Darum heißen Fußballstadien heute: AOL-Arena, Veltins-Arena, Signal Iduna Park, easy credit Stadion oder Nomen est Omen: Commerzbank-Arena.

Was waren das noch für Zeiten, als Fernseh-Interviews mit echten Menschen im Hintergrund geführt wurden? Verschenkte Sendezeit, nicht vermarkteter, ehrenamtlicher Leerlauf. Dem hat man im Profibereich nun endlich auch einen Riegel vorgeschoben. Bevor die Reporter ihre erste Frage stellen, wird gewartet, bis die bewegliche Interview-Hintergrundwand im rechten Licht der Kamera steht. Darauf abgebildet sind die Logos der Sponsoren. Wer will schon feiernde oder trauernde Fußballfans im Fernsehen anschauen?

Wichtiger ist doch, dass beim nächsten Einkauf in das richtige Regal gegriffen wird: nämlich in Eines, in dem die Artikel eines der auf der Interviewand abgebildeten Sponsoren stehen.

Wann diese Entwicklung aufhört und wovor eventuell einmal Halt gemacht werden wird, ist noch unklar. Bisher ist der Rasen in den Stadien noch grün und die Torpfosten sind werbefrei. Die immensen Summen, die mit dem Fußball verdient werden, haben das Spiel verändert, aber natürlich auch die Spieler. Oliver Kahn hat, um nicht den Überblick über seine Finanzen zu verlieren, neben dem Fußball Betriebswirtschaftslehre studiert. »Das Studium der BWL sollte mir auch einen Überblick über die verschiedenen Möglichkeiten der Geldanlage verschaffen«.[43] Gedrückt von der Last des Geldes blickt der Titan in seinem Buch »Nummer eins« voller Neid auf die Weltmeister von 1954 zurück, die sich noch nicht um ihr Vermögen kümmern mussten. »Nein, dieses Umfeld, in das sich die Fußballprofis von heute begeben, hat mit dem Fußball von 1954 nur wenig gemeinsam«.[44]

Ob Fritz Walter und seine Kollegen das ähnlich verklärt sehen, ist unwahrscheinlich. »Wir haben 320 Mark verdient beim 1. FC Kaiserslautern. Wenn wir deutscher Meister wurden, 1.000 Mark, als Vizemeister 500«, sagt Fritz Walter in seiner Biografie.[45] Aber Fritz Walter war später als Repräsentant für verschiedene Sportfirmen und als Geschäftsmann noch durchaus erfolgreich. Bei anderen Weltmeistern von 1954 ging der beträchtliche Ruhm nicht mit einem dicken Bankkonto einher. »Willst du unserem Ottmar danken, musst du fleißig bei ihm tanken«,[46] war der Slogan der Tankstelle von Ottmar Walter. Die Dankbarkeit für Ottmar Walters Tore war nicht groß genug. Die Tankstelle des kleinen Bruders von Fritz Walter musste bald wieder schließen. Toni Turek musste zeitlebens bei der Düsseldorfer Rheinbahn arbeiten gehen und konnte sich im Alter keine notwendigen Operationen mehr leisten. Zum Glück hatte er zehn Freunde, mit denen er gemeinsam 1954 Weltmeister geworden war. Diese veranstalteten Benefizspiele für Toni Turek. So konnte er sich die ein oder andere Operation finanziell leisten. Werner Kohlmeyer, eisenharter Verteidiger im Finale von Bern, war später arbeitslos und alkoholabhängig. Auf Vermittlung eines ehemaligen Mitspielers kam er noch Mal als Pförtner in einem Verlagshaus unter. Allerdings nur am Lieferanteneingang. Für vorne war der Weltmeister nicht repräsentativ genug.

Das Berufsbild des Profifußballers hat sich sehr gewandelt. Karrierelange Heimatverbundenheit á la Fritz Walter kann man sich heutzutage gar nicht mehr leisten. Es sei denn, man hat das Glück aus München zu stammen und beim FC Bayern zu spielen. Das war schon Anfang der 1970er Jahre so. Günter Netzer verdiente damals bei Borussia Mönchengladbach 160.000 DM. Nach Netzers Einschätzung verdienten seine bayerischen Nationalmannschaftskollegen damals schon weit mehr als das Doppelte.[47] Um in Gladbach bleiben zu können und trotzdem nicht am Hungertuch nagen zu müssen, eröffnete Netzer 1971 eine Discothek in Mönchengladbach. Um Besucher anzulocken, parkte er seinen Ferrari häufig vor der Tür

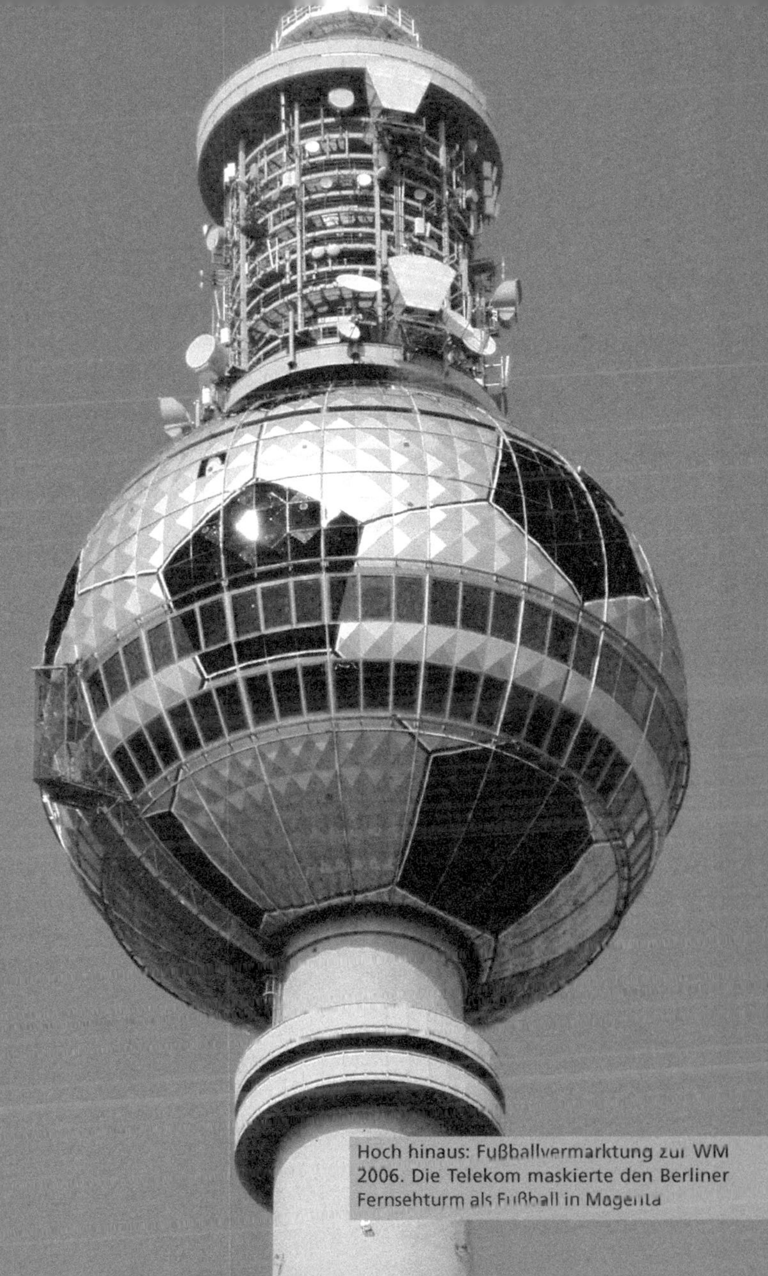

Hoch hinaus: Fußballvermarktung zur WM 2006. Die Telekom maskierte den Berliner Fernsehturm als Fußball in Magenta

des Tanzlokals, ohne es zu betreten. Die Leute dachten dann, wenn das Auto vor der Tür steht, wird der Chef schon vor Ort sein. Also gingen sie hinein und hofften, den prominenten Chef an der Theke zu treffen. 1973 war dann aber doch Schluss für Netzer mit der Doppelbelastung in Mönchengladbach. Es zog ihn nach Madrid, zu Europas führendem Fußballklub, Real. Nur am Geld kann es damals nicht gelegen haben: Sein ausgehandeltes Jahresgehalt von 295.000 DM lag noch ein gutes Stück unter dem seiner Star-Kollegen beim FC Bayern. Allerdings soll es ein ordentliches Handgeld obendrauf gegeben haben.

Hätte Netzer damals bereits einen Spielerberater gehabt, hätte dieser zumindest noch eine eigene Disco für seinen Klienten rausgeholt. Aber der Berufsstand war noch nicht erfunden. Einer der später Karriere als Spielerberater machte, Norbert Pflippen, arbeitete damals noch im Straßenverkehrsamt in Mönchengladbach. Wenn Günter Netzer oder einer seiner Mannschaftskameraden zu schnell mit dem Sportwagen durch die Kleinstadt gerast war, fing Pflippen den Strafzettel mit dem Papierkorb auf.[48] Huch und weg war der Strafzettel ... So baute er erste Kontakte zu Fußballern auf. Später wurde er der Berater einiger Spieler und verdiente vor allen Dingen dann seine Brötchen, wenn diese den Verein wechselten.

Über Gehälter, wie sie Günter Netzer 1971 pro Jahr bekommen hat, lächeln Top-Spieler heutzutage nicht mal mehr müde. Michael Ballack erhält in der Spielzeit 2008/09 laut der »Times« 135.000 Euro Grundgehalt in der Woche. Was umgerechnet etwa 270.000 DM wären. Auf das Jahr gerechnet ergibt das eine Summe von über sieben Millionen Euro. Dazu kommen bei Superstars wie Michael Ballack noch Werbeeinnahmen und Erfolgsprämien, die das Gehalt deutlich übersteigen. Die Zeitschrift »Sport-Bild« schätzt das gesamte Einkommen Ballacks für das Jahr 2008 auf 20,5 Millionen Euro.[49]

Die Obergrenzen des Verdienstes scheinen aber bei den Fußballstars erreicht zu sein. Wegen der weltweiten Finanzkrise 2008/2009 werden die Gehälter nicht mehr – oder zumindest nicht mehr so schnell – steigen. Die Stimmen mehren sich, die eine Gehaltsobergrenze für Spieler festlegen wollen. Damit soll die Wettbewerbsfähigkeit der weniger reichen Clubs gefördert werden. Ob das allerdings klappen kann, wird von vielen Experten bezweifelt. Durch versteckte Zahlungen oder an den Vertrag gekoppelte Werbeverträge könnten die Obergrenzen spielerisch umgangen werden, lautet das Gegenargument.

Was den Spielern die Portemonnaies aufpumpt, ist für die echten Fans zunehmend schwierig. Durch die häufigen Vereinswechsel der modernen Fußball-Leiharbeiter wird es immer schwerer, sich mit einzelnen Spielern zu identifizieren. Diejenigen Fans, die sich ihr Trikot mit dem Namenszug ihres Lieblingsspielers »veredeln«, gehen immer das Risiko ein, dass der Spieler kurz darauf als Gegner im heimischen Stadion einläuft. Und spätestens zu diesem Termin gehört das Trikot dann in die Altkleidersammlung. Deshalb sieht man vermehrt Trikots, die entweder mit dem eigenen Namen, gar keinem Namen oder einem möglichst lustigen Spitznamen beflockt sind. Identifikation bietet dann der Verein, nicht ein einzelner Spieler. Das schützt vor Enttäuschungen durch so genannte Fußball-Legionäre. Die Bezeichnung ist für Profis gedacht, die heute hier, morgen da und übermorgen dort ein neues Vereinstrikot überstreifen. Profis, die nicht in den Verdacht geraten wollen, ein solch treuloser Geselle zu sein, küssen dann gerne das gerade auf dem Trikot befindliche Logo. »Seht her, ich liebe euren Verein, so wie ihr es tut«, sagt der Profi den Fans damit. Ein halbes Jahr später schlägt er sich dann mit Inbrunst auf das nächste Vereinslogo, das er über dem Herzen auf dem neuen Trikot trägt. Die meisten Fans werden heutzutage schon misstrauisch bei solchen zur Schau gestellten Treuebekenntnissen.

Mancher Spieler wäre jedenfalls gut beraten, nicht gleich beim erstbesten Angebot den Verein zu wechseln. Es gibt unzählige Beispiele von Vereinswechseln, die für Spieler, Verein, Trainer und Fans gleichermaßen frustrierend gewesen sind.

Auch die neuen Anstoßzeiten in der Saison 2009/2010 in erster und zweiter Bundesliga führen zu neuen Protesten – nicht nur in der Fanszene. Immer mehr Spieltermine, damit das Fernsehen noch mehr Liveübertragunszeiten bekommt, frustrieren auch die Amateurvereine und die Kirchen. Beide Gruppierungen fürchten um ihre Besucherzahlen. Wohin die totale Ausreizung von kommerziellen Interessen führt, hat die Finanz- und Bankenkrise gezeigt. Der Fußball sollte nicht denselben Fehler begehen. Irgendwann müssen auch wieder Entscheidungen getroffen werden, die nicht nur auf finanziellen Gewinn abzielen. Die Freunde des Fußballspiels sollten sich auch weiterhin im Stadion wohlfühlen können, und der Gedanke des Fairplay sollte nicht im Abseits stehen. Apropos Abseits. Das letzte Rätsel soll an dieser Stelle auch noch gelöst werden. Die ultimative Erklärung der umstrittensten aller Fußballregeln hat Trainer-Legende Hennes Weisweiler höchstselbst gegeben. »Abseits is', wenn dat lange Arschloch zu spät abspielt«.[50] Damit meinte er seinen damaligen Spielmacher bei Borussia Mönchengladbach, Günter Netzer. Ja, der ist wirklich recht lang. Das wirkt im Fernsehen neben Zwei-Meter-Mann Gerhard Delling nur anders. So und damit dürfte dann keine Frage rund um die Geschichte des Fußballs mehr offen sein …

1 Vgl. Loi, Sabrina, (Mythos) Fußball – Eine Entwicklungsgeschichte, München 2007, S. 4.
2 Mendner, Siegfried, Das Ballspiel im Leben der Völker, Münster 1955, S.50.
3 Ebd.
4 1526 verfasster »Canto Carnascialesco« von Giovanni Battista dell'Ottonaios. Zit. nach Bredekamp, Horst, Florentiner Fußball. Die Renaissance der Spiele: Calcio als Fest der Medici, Frankfurt/Main 1993, S.17.
5 Zit. nach Bredekamp, Florentiner Fußball, S. 117.
6 Vgl. Elias, Norbert/Dunning, Eric, Sport im Zivilisationsprozess, Münster 1984, S.89.
7 Joel, Holger/Schütt, Ernst Christian, Die Chronik des deutschen Fußballs: Die Spiele der Nationalmannschaften von 1908 bis heute, 2008, S.12f.
8 Elias, Sport, S.86.
9 Vgl. http://www.dfb.de/index.php?id=11015, 7.4.09.
10 Kicker, »Drei Stunden Fünf Minuten«, 19.06.1922 in: Beyer, Bernd M. (Hg.), Der König allen Sports. Walther Bensemanns Fußball-Glossen, Göttingen 2008, S.98.
11 Vgl. http://de.wikipedia.org/wiki/Bundesliga-Skandal, 7.4.09.
12 Friedrich Ludwig Jahn (1778 bis 1852). Begründer der deutschen Turnbewegung, die eng mit deutsch-nationalen Interessen verbunden war.
13 Vgl. Planck, Karl, Fußlümmelei. Über Stauchballspiel und englische Krankheit, Münster 1982.
14 Vgl. Bremer, Christoph, Fußball ist unser Leben!?, Marburg 2003, S.25.
15 Vgl. Brüggemeier, Franz-Josef, Fußball. Mehr als ein Spiel, in: Bundeszentrale für politische Bildung (Hg.), Informationen zur politischen Bildung, 290 (2006).
16 Deutsche Fußall Liga (Hg.), Bundesliga-Report 2008, S.180.
17 Vgl. Hohenstein, Raphael, Harder, better, faster, stronger: Die geheime Geschichte des englischen Fußballs, Köln 2006, S. 20.
18 Vgl. ebd., S.21.
19 Ebd.
20 Vgl. ebd., S.56f.
21 Vgl. Bayerischer Rundfunk Online, Fußball-Forschung, »Fruchtbarkeitskult und Abseitsfalle«, 26.05. 2008.
22 http://www.zitate-online.de/autor/klinsmann-juergen, 7.4.09.
23 http://www.bundesliga.de/de/liga/news/2007/index.php?f=93847.php, 7.4.09.
24 http://www.eintracht-stats.de/content/sprueche.htm, 7.4.09.
25 http://eintracht-archiv.de/sprueche.html, 7.4.09.

26 Vgl. Frankfurter Rundschau, Interview mit einem schwulen Fußballer: »Ich hatte Angst vor mir selbst«, 11.12.2008.

27 Die Äußerung wurde gegenüber dem Autor gemacht. Uwe H. möchte nicht namentlich genannt werden.

28 Vgl. Deutsche Fußball Liga (Hg.), Bundesliga-Report 2008, S.180.

29 Vgl. www.badische-zeitung.de/sport/scfreiburg/eigener-eingang-fuer-weibliche-fans--4705286.html, 7.4.09.

30 Vgl. Jürgs, Michael, Der kleine Frieden im großen Krieg, München 2005, S.174 ff.

31 Schroeder, Klaus, Geschichte und Transformation des SED-Staates, Berlin 1995, S.230.

32 Vgl. Beyer (Hg.), König allen Sports, S.12.

33 Beyer, Bernd M., Walther Bensemann: Kosmopolit des Fußballs, in: Landeszentrale für politische Bildung Baden-Württemberg (Hg.), Fußball und Politik. Der Bürger in Staat und Politik, 56/1 (2006), S.20-25, hier: S.21.

34 Vgl. Beyer, Bernd M. (Hg.), Der König allen Sports, Walther Bensemanns Fußball-Glossen, Göttingen 2008, S.35 ff.

35 Vgl. Herzog, Markwart (Hg.), Fußball zur Zeit des Nationalsozialismus, Stuttgart 2008, S.165.

36 In Bern gewann Deutschland 1954 überraschend das Finale um die Fußball-Weltmeisterschaft gegen Ungarn.

37 Vgl. Skorupa, Holger, Filigrane Technik, Catenaccio oder Körpereinsatz?, München 2008, S.8.

38 Vgl. Ismar, Georg, Die Politisierung des Fußballs in autoritären und totalitären Systemen unter bes. Berücksichtigung des Fußballkrieges zwischen El Salvador und Honduras, München 2002, S.2.

39 Vgl. König, Thomas, Fankultur, Münster 2002, S.82.

40 Vgl. http://www.zeit.de/online/2007/43/ddr-fussball-teil-1, Schicksale des DDR-Fußballs, 7.4.09.

41 http://www.zitate-online.de/autor/vogts-berti, 7.4.09.

42 Deutsche Fußball Liga (Hg.), Bundesliga-Report 2008, S.184.

43 Kahn, Oliver, Nummer eins, München 2006, S. 128.

44 Ebd.

45 Vgl. Brauburger, Stefan, Das Wunder von Bern, in: Michel, Rudi (Hg.), Fritz Walter, Stuttgart 1995, S.76-85, hier: S.85.

46 http://web.ard.de/special/helden1954/pages/2439.php?ch=3, Die Helden von Bern: Porträt Ottmar Walter, 7.4.09.

47 Vgl. Netzer, Günter, Aus der Tiefe des Raumes, Hamburg 2005, S.54.

48 Vgl. ebd., S.43.

49 http://www.sportbild.de/sportbild/generated/article/fussball/2008/05/29/9308000000.html, 7.4.09.

50 Netzer, Tiefe, S.59.

Anhang – Fußball in Zahlen

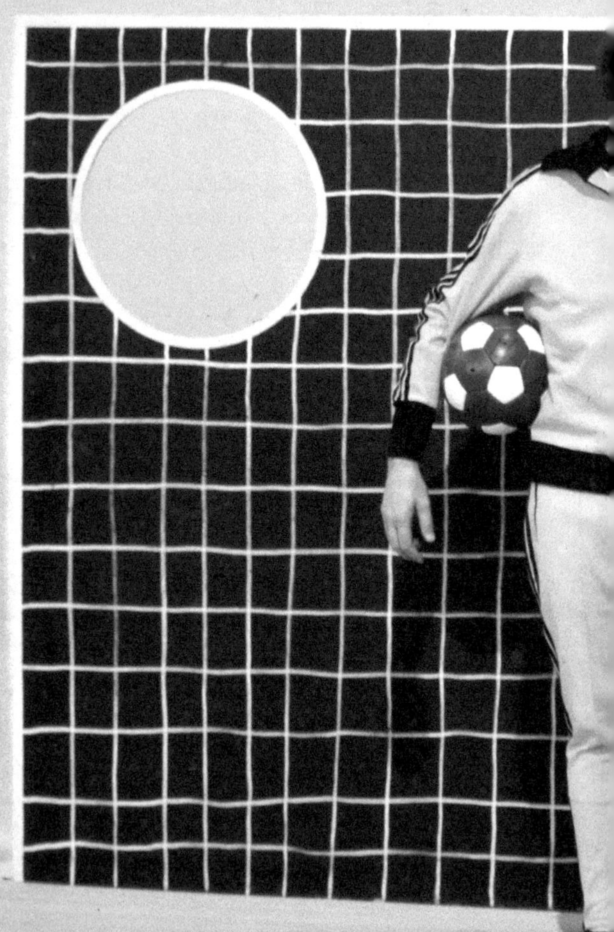

Sportmoderatorenlegende
Harry Valérien 1970

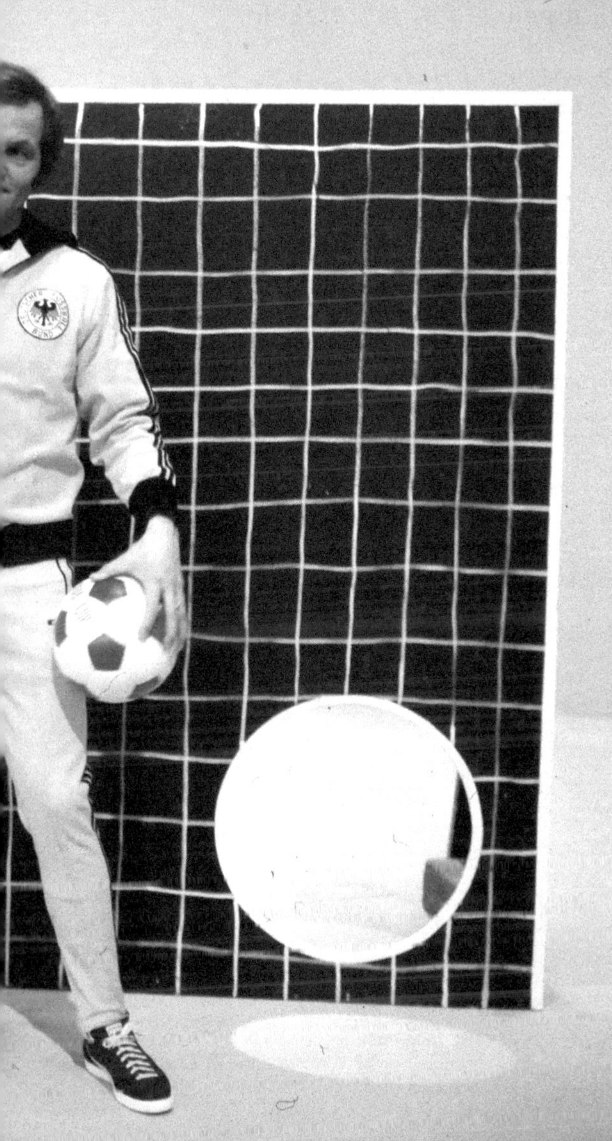

Fußballgeschichte in Jahreszahlen

2700 v. Chr.	In China wird Tsu Küh (»Den Ball mit den Füßen stoßen«) gespielt – ein Lederball, gefüllt mit Federn, muss ohne Zuhilfenahme der Hände in ein kleines Tor befördert werden.
600 v.Chr.	In Griechenland spielen Soldaten »Episkyros« (Ballschlacht), als militärische Übung.
Ca 500 n. Chr.	In Südamerika wird Steißball gespielt
587 n.Chr.	In Japan wird erstmals Kemari erwähnt, ein Ballspiel, das ausschließlich mit den Füßen gespielt wurde.
12. Jahrhundert	In Frankreich spielt man Soule, ein Spiel, das dem englischen Volksfußball sehr ähnlich ist
1314	Erstes dokumentiertes Verbot von Fußballspielen in England
1460	Der Calcio taucht erstmals in einem italienischen Gedicht auf (Verfasser unbekannt).
1580	Giovanni Bardi veröffentlicht Regeln für den italienischen Calcio
1800	In England läuft Rugby dem Fußball erst mal den Rang ab und wird zur beliebteren Sportart.
1830	Einige Schulen in England (z.B. Eton, Harrow und Winchester) wehren sich gegen die Rugby-Regeln und verbieten das Ballspielen mit der Hand.
1845	In Eton leitet erstmals ein Schiedsrichter ein Fußballspiel.
1848	In Cambridge werden die Cambridge Rules festgelegt.
1863	Vertreter aus Schulen und Sportvereinen gründen den ersten Fußballverband der Welt, die Football Association, FA.
1871	In England findet der erste regelmäßig wiederkehrende Wettbewerb statt, der FA-Cup, der damals noch Challenge-Cup heißt.

1872	Das erste Fußball-Länderspiel, England gegen Schottland endet 0:0.
1875	Konrad Koch veröffentlicht erstmals die Fußballregeln in deutscher Sprache.
1877	Der Platzverweis wird eingeführt.
1878	Findet in Sheffield das erste Fußballspiel unter Flutlicht statt.
1880	Mit dem Bremer FC entsteht der erste reine Fußballclub in Deutschland.
1883	Der Schiedsrichter erhält Verstärkung. Zwei Linienrichter unterstützen ihn von da an bei der Leitung eines Spiels.
1885	Einführung von Profitum in England. Erstmals erhalten Fußballspieler in England offiziell Gehälter von ihrem Verein.
1888	Wird in England die erste Fußball-Liga, »Football-League«, gegründet.
1891	In England wird der Elfmeter eingeführt (in Deutschland erst 1893). Ebenfalls 1891 kommt das Netz erstmals als hintere Torbegrenzung zum Einsatz.
1899	In Süddeutschland finden die »Ur-Länderspiele« gegen englische Auswahlmannschaften statt. Die Niederlagen der deutschen Kicker fallen teilweise zweistellig aus.
1900	In Leipzig gründen Vertreter von 86 Sportvereinen den Deutschen Fußball Bund, DFB.
1903	Der VfB Leipzig feiert den Gewinn der ersten deutschen Fußball-Meisterschaft.
1904	Die Fédération Internationale de Football Association (FIFA) wird in Paris gegründet.
1908	England gewinnt bei den olympischen Spielen in London die Goldmedaille.
1913	Abstand halten: Bei Freistößen gilt die 10 Yard Regel, das heißt, die gegnerischen Spieler müssen von nun an 9,15 m Abstand zum Ball haben.

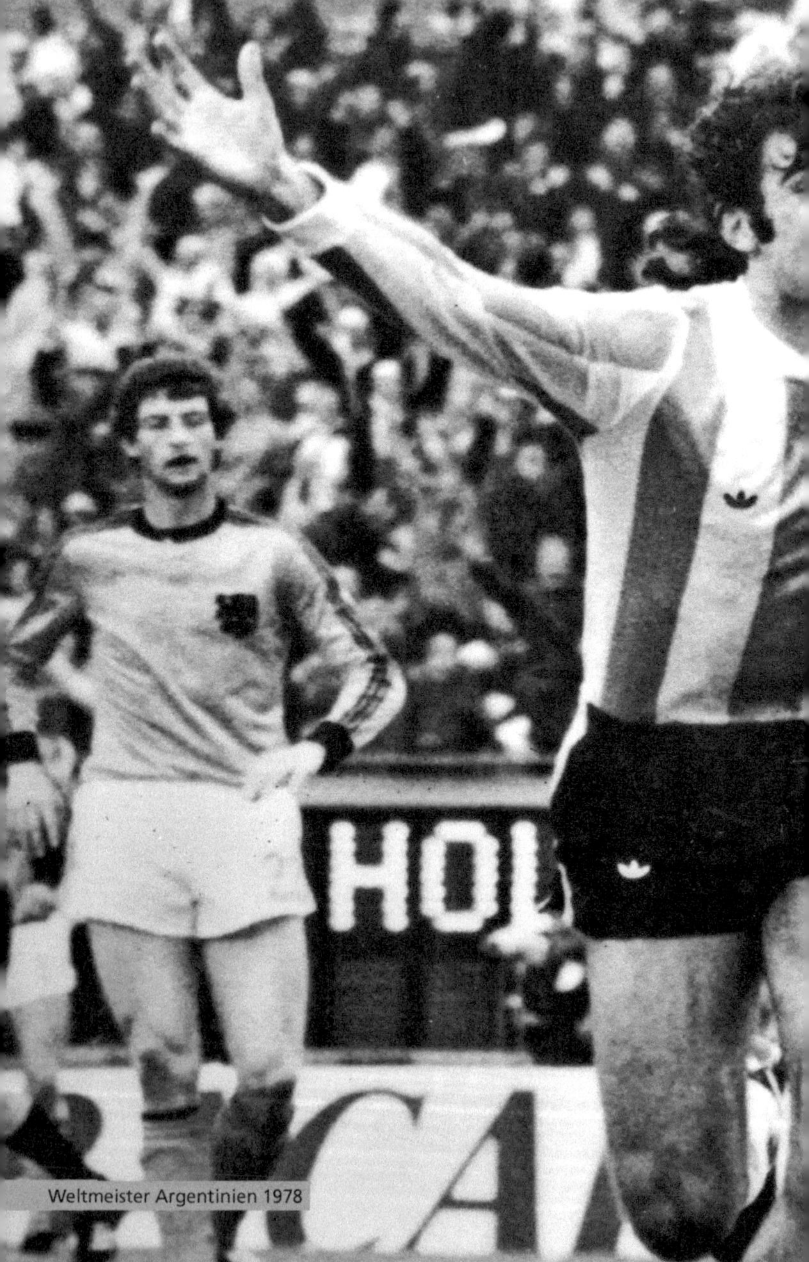

Weltmeister Argentinien 1978

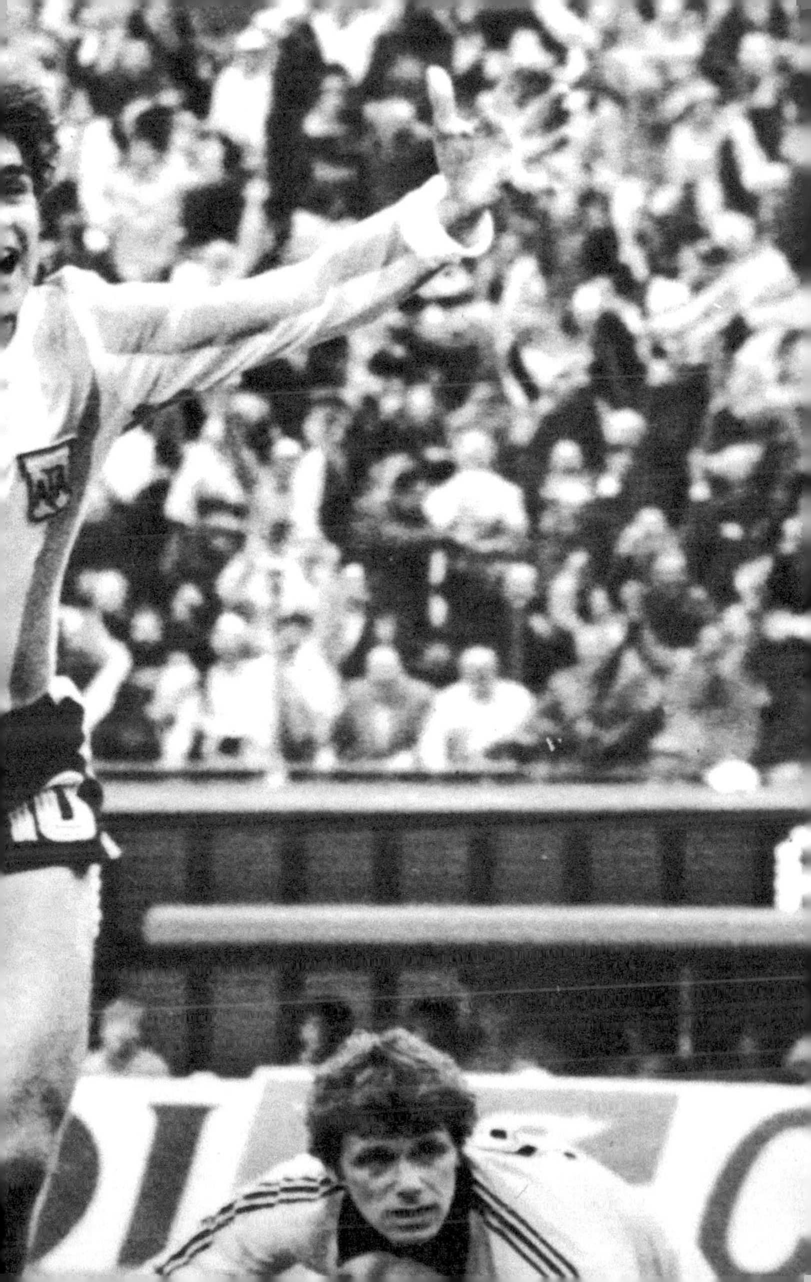

1925	Die erste europäische Livereportage findet im Radio statt. Übertragen wird das Spiel Preußen Münster gegen Arminia Bielefeld.
1930	Die FIFA veranstaltet erstmals eine Fußball-Weltmeisterschaft der Nationalmannschaften. Uruguay gewinnt den Weltmeistertitel.
1934	Italien gewinnt die Weltmeisterschaft
1935	Der DFB-Pokal wird erstmals ausgespielt. Der erste Sieger heißt 1.FC Nürnberg.
1937	Erste TV Berichterstattung: das FA-Cup-Finale kommt in Ausschnitten im englischen Fernsehen.
1938	Italien gewinnt erneut die Weltmeisterschaft
1939	Die Nummer auf dem Trikot wird obligatorisch.
1947	Erste TV Liveübertragung eines kompletten Spiels: wieder ist es in England das FA-Cup-Finale.
1950	Uruguay gewinnt die Weltmeisterschaft
1953	Die DDR trägt erstmals ein Länderspiel aus. Zur Premiere verliert Ostdeutschland gegen Polen mit 0:3.
1954	Der europäische Fußballverband, die UEFA (Union of European Football Associations), wird am 15. Juni gegründet. Deutschland wird Weltmeister.
1956	Real Madrid gewinnt den erstmals ausgespielten Europapokal der Landesmeister.
1958	Brasilien wird Weltmeister.
1960	In Frankreich findet die erste Europameisterschaft der Nationalmannschaften statt.

1962	Brasilien verteidigt den Weltmeistertitel.
1963	Die Fußball Bundesliga geht in ihre erste Saison. Damals noch mit 16 Mannschaften.
1966	England wird Weltmeister.
1970	Der DFB erlaubt den Frauenfußball. Brasilien wird erneut Weltmeister.
1972	Tottenham Hotspurs gewinnt den erstmals ausgespielten UEFA Pokal.
1974	Deutschland wird zum 2. Mal Weltmeister.
1978	Argentinien wird Weltmeister.
1982	Italien wird Weltmeister.
1986	Argentinien wird zum 2. Mal Weltmeister.
1990	Deutschland wird zum 3. Mal Weltmeister unter Trainer Franz »Kaiser« Beckenbauer.
1992	Aus dem Europapokal der Landesmeister wird die Champions League.
1994	In der Bundesliga gibt es ab sofort drei Punkte für einen Sieg und nicht mehr, wie bisher, zwei. Brasilien wird Weltmeister.
1995	Das Bosman-Urteil erlaubt Spielern, nach Vertragsende, ablösefrei innerhalb der EU den Verein zu wechseln.
1998	Frankreich wird Weltmeister.
2002	Brasilien wird Weltmeister.
2006	Italien wird Weltmeister.

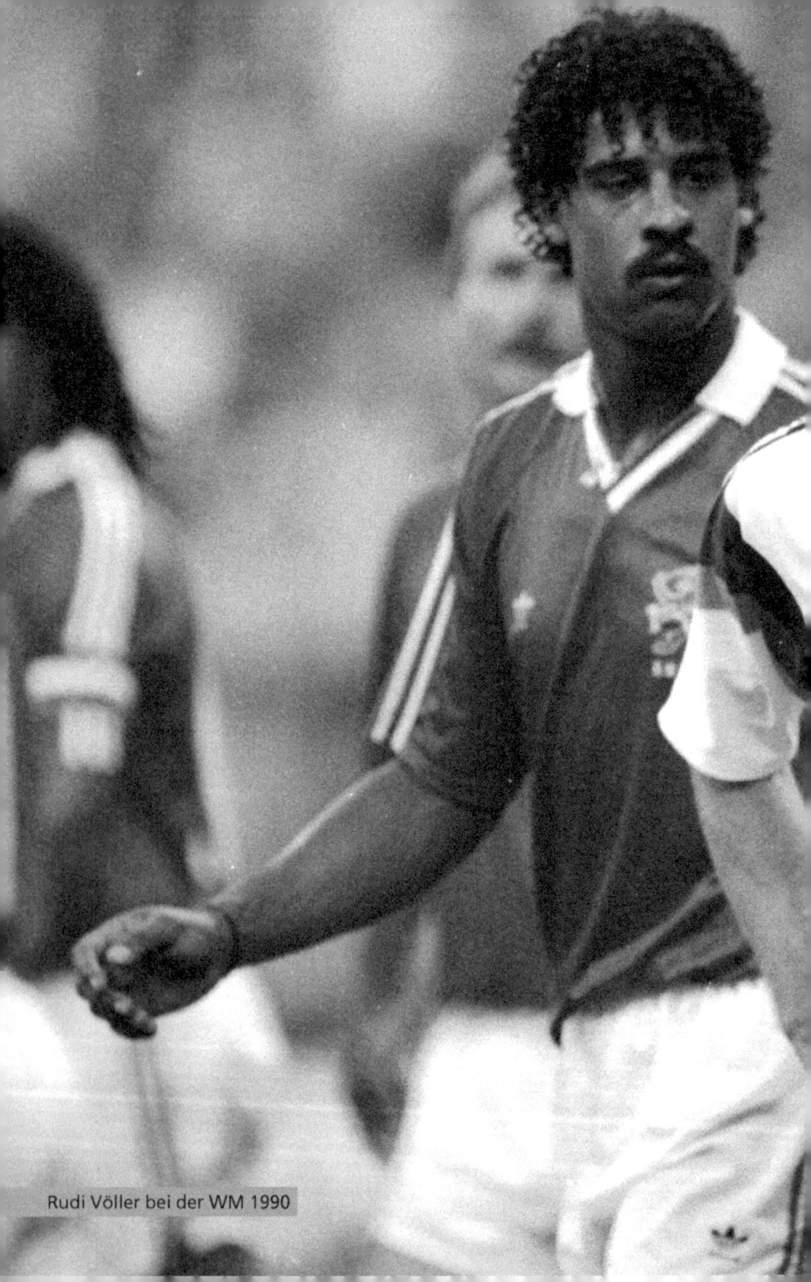

Rudi Völler bei der WM 1990

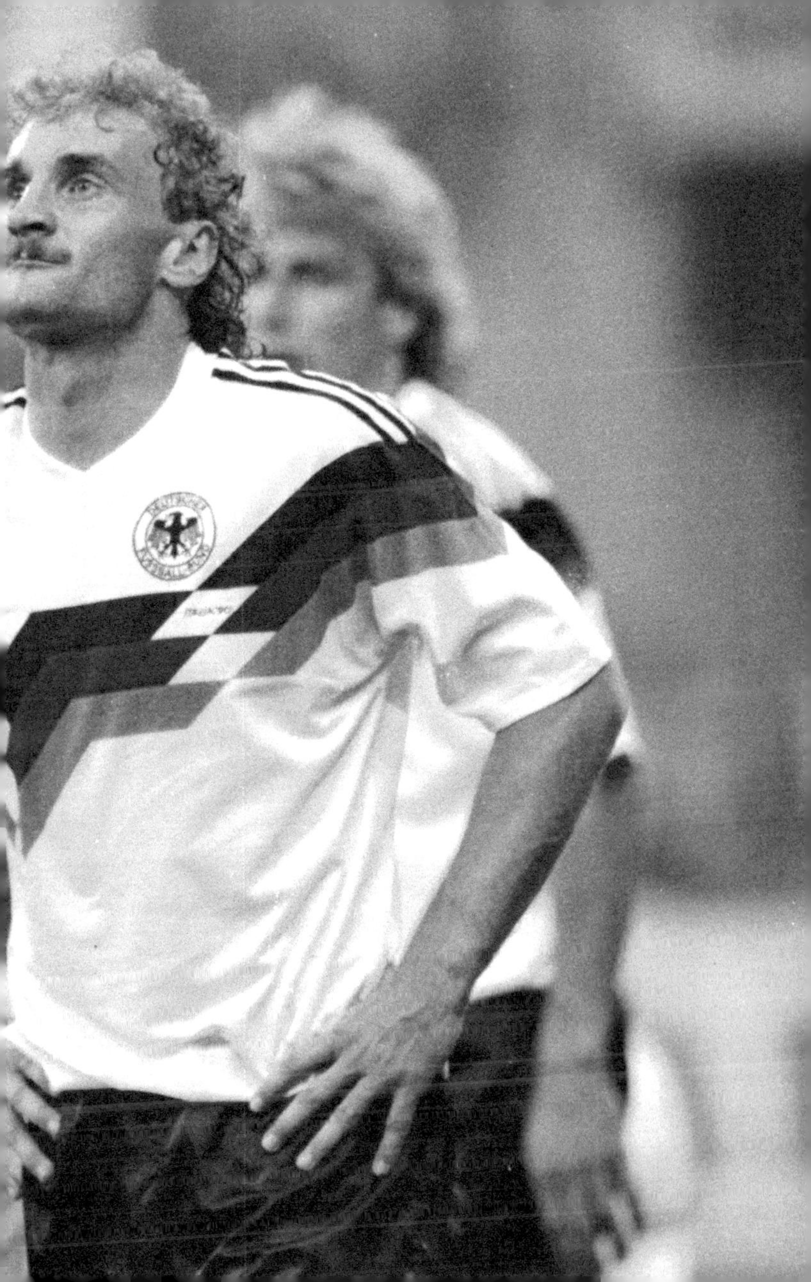

DFB Pokalsieger komplett

Saison	Pokalsieger	Datum	Ort
2008/2009	SV Werder Bremen	30.05.09	Olympiastadion Berlin
2007/2008	FC Bayern München	19.04.08	Olympiastadion Berlin
2006/2007	1. FC Nürnberg	26.05.07	Olympiastadion Berlin
2005/2006	FC Bayern München	29.04.06	Olympiastadion Berlin
2004/2005	FC Bayern München	28.05.05	Olympiastadion Berlin
2003/2004	Werder Bremen	29.05.04	Olympiastadion Berlin
2002/2003	FC Bayern München	31.05.03	Olympiastadion Berlin
2001/2002	FC Schalke 04	11.05.02	Olympiastadion Berlin
2000/2001	FC Schalke 04	26.05.01	Olympiastadion Berlin
1999/2000	FC Bayern München	06.05.00	Olympiastadion Berlin
1998/1999	SV Werder Bremen	12.06.99	Olympiastadion Berlin
1997/1998	FC Bayern München	16.05.98	Olympiastadion Berlin
1996/1997	VfB Stuttgart	14.06.97	Olympiastadion Berlin
1995/1996	1. FC Kaiserslautern	25.05.96	Olympiastadion Berlin
1994/1995	Borussia Mönchengladbach	24.06.95	Olympiastadion Berlin
1993/1994	SV Werder Bremen	14.05.94	Olympiastadion Berlin

Ergebnis
SV Werder Bremen – Bayer Leverkusen 1:0 (0:0)
FC Bayern München – Borussia Dortmund 2:1 (1:1/1:0) nach Verlängerung
1. FC Nürnberg – VfB Stuttgart 3:2 (2:2/1:1) nach Verlängerung
Bayern München – Eintracht Frankfurt 1:0 (0:0)
Bayern München – Schalke 04 2:1 (1:1)
Werder Bremen – Alemannia Aachen 3:2 (2:0)
FC Bayern München – 1. FC Kaiserslautern 3:1 (2:0)
FC Schalke 04 – Bayer Leverkusen 4:2 (1:1)
FC Schalke 04 – 1. FC Union Berlin 2:0 (0:0)
FC Bayern München – SV Werder Bremen 3:0 (0:0)
SV Werder Bremen – FC Bayern München 1:1 (1:1, 1:1) nach Verlängerung, 6:5 nach Elfmeterschießen
FC Bayern München – MSV Duisburg 2:1 (0:1)
VfB Stuttgart – FC Energie Cottbus 2:0 (1:0)
1. FC Kaiserslautern – Karlsruher SC 1:0 (1:0)
Borussia Mönchengladbach – VfL Wolfsburg 3:0 (1:0)
SV Werder Bremen – Rot-Weiß Essen 3:1 (2:0)

1992/1993	Bayer 04 Leverkusen	12.06.93	Olympiastadion Berlin
1991/1992	Hannoverscher SV 96	23.05.92	Olympiastadion Berlin
1990/1991	Werder Bremen	22.06.91	Olympiastadion Berlin
1989/1990	1. FC Kaiserslautern	19.05.90	Olympiastadion Berlin
1988/1989	Borussia Dortmund	24.06.89	Olympiastadion Berlin
1987/1988	Eintracht Frankfurt	28.05.88	Olympiastadion Berlin
1986/1987	Hamburger SV	20.06.87	Olympiastadion Berlin
1985/1986	FC Bayern München	03.05.86	Olympiastadion Berlin
1984/1985	Bayer 05 Uerdingen	26.05.85	Olympiastadion Berlin
1983/1984	FC Bayern München	31.05.84	Waldstadion Frankfurt
1982/1983	1. FC Köln	11.06.83	Müngersdorfer Stadion Köln
1981/1982	FC Bayern München	01.05.82	Waldstadion Frankfurt
1980/1981	Eintracht Frankfurt	02.05.81	Neckarstadion Stuttgart
1979/1980	Fortuna Düsseldorf	04.06.80	Parkstadion Gelsenkirchen
1978/1979	Fortuna Düsseldorf	23.06.79	Niedersachsen-stadion Hannover
1977/1978	1. FC Köln	15.04.78	Parkstadion Gelsenkirchen
1976/1977	1. FC Köln	28.05.77	Niedersachsen-stadion Hannover

Bayer 04 Leverkusen – Hertha BSC Berlin Amateure 1:0 (0:0)

Hannoverscher SV 96 – Borussia Mönchengladbach 0:0 nach Verlängerung, 4:3 nach Elfmeterschießen

SV Werder Bremen – 1. FC Köln 1:1 (1:1, 0:0) nach Verlängerung, 4:3 nach Elfmeterschießen

1. FC Kaiserslautern – Werder Bremen 3:2 (3:0)

Borussia Dortmund – Werder Bremen 4:1 (1:1)

Eintracht Frankfurt – VfL Bochum 1:0 (0:0)

Hambuger SV – Stuttgarter Kickers 3:1 (1:1)

FC Bayern München – VfB Stuttgart 5:2 (2:0)

Bayer 05 Uerdingen – FC Bayern München 2:1 (1:1)

FC Bayern München – Borussia Mönchengladbach 1:1 (1:1, 0:1) nach Verlängerung, 7:6 im Elfmeterschießen

1. FC Köln – Fortuna Köln 1:0 (0:0).

FC Bayern München – 1. FC Nürnberg 4:2 (0:2)

Eintracht Frankfurt – 1. FC Kaiserslautern 3:1 (2:0)

Fortuna Düsseldorf – 1. FC Köln 2:1 (0:1)

Fortuna Düsseldorf – Hertha BSC Berlin 1:0 (0:0) nach Verlängerung

1. FC Köln – Fortuna Düsseldorf 2:0 (0:0)

1. FC Köln – Hertha BSC Berlin 1:1 (1:1, 1:0) nach Verlängerung. Wiederholungsspiel 30. Mai 1977, 1:0

1975/1976	Hamburger SV	26.06.76	Waldstadion Frankfurt
1974/1975	Eintracht Frankfurt	21.06.75	Niedersachsen-stadion Hannover
1973/1974	Eintracht Frankfurt	17.08.74	Rheinstadion Düsseldorf
1972/1973	Borussia Mönchengladbach	23.06.73	Rheinstadion Düsseldorf
1971/1972	FC Schalke 04	01.07.72	Niedersachsen-stadion Hannover
1970/1971	FC Bayern München	19.06.71	Neckarstadion Stuttgart
1969/1970	Kickers Offenbach	29.08.70	Niedersachsen-stadion Hannover
1968/1969	FC Bayern München	14.06.69	Waldstadion Frankfurt
1967/1968	1. FC Köln	09.06.68	Südweststadion Ludwigshafen
1966/1967	FC Bayern München	10.06.67	Neckarstadion Stuttgart
1965/1966	FC Bayern München	04.06.66	Waldstadion Frankfurt
1964/1965	Borussia Dortmund	22.05.65	Niedersachsen–stadion Hannover
1963/1964	TSV 1860 München	13.06.64	Neckarstadion Stuttgart
1962/1963	Hamburger SV	14.08.63	Niedersachsen–stadion Hannover
1961/1962	1. FC Nürnberg	29.08.62	Niedersachsen-stadion Hannover
1960/1961	SV Werder Bremen	13.09.61	Gelsenkirchen
1959/1960	Borussia Mönchengladbach	05.10.60	Rheinstadion Düsseldorf

Hamburger SV – 1. FC Kaiserslautern 2:0 (2:0)

Eintracht Frankfurt – MSV Duisburg 1:0 (0:0)

Eintracht Frankfurt – Hamburger SV 3:1 (1:1, 1:0) nach Verlängerung

Borussia Mönchengladbach – 1. FC Köln
2:1 (1:1, 1:1) nach Verlängerung

FC Schalke 04 – 1. FC Kaiserslautern. 5:0 (2:0)

FC Bayern München – 1. FC Köln 2:1 (1:1, 0:1) nach Verlängerung

Kickers Offenbach – 1. FC Köln 2:1 (1:0)

FC Bayern München – FC Schalke 04 2:1 (2:1)

1. FC Köln – VfL Bochum 4:1 (2:1)

FC Bayern München – Hamburger SV 4:0 (1:0)

FC Bayern München – MSV Duisburg 4:2 (1:1)

Borussia Dortmund – Alemannia Aachen 2:0 (2:0)

TSV 1860 München – Eintracht Frankfurt 2:0 (1:0)

Hamburger SV – BV 09 Borussia Dortmund 3:0 (2:0)

1. FC Nürnberg – Fortuna Düsseldorf 2:1
(1:1, 0:0) nach Verlängerung

SV Werder Bremen – 1. FC Kaiserslautern 2:0 (1:0)

Borussia Mönchengladbach – Karlsruher SC 3:2 (2:1)

1958/1959	Schwarz-Weiß Essen	27.12.59	Kassel
1957/1958	VfB Stuttgart	16.11.58	Kassel
1956/1957	FC Bayern München	29.12.57	Augsburg
1955/1956	Karlsruher SC	05.08.56	Wildparkstadion Karlsruhe
1954/1955	Karlsruher SC	21.05.55	Städtisches Stadion Braunschweig
1953/1954	VfB Stuttgart	17.04.54	Südweststadion Ludwigshafen
1952/1953	Rot-Weiß Essen	01.05.53	Rheinstadion Düsseldorf
1942/1943	Vienna Wien	31.10.43	Neckarstadion Stuttgart
1941/1942	TSV 1860 München	15.11.42	Olympiastadion Berlin
1940/1941	Dresdner SC	02.11.41	Olympiastadion Berlin
1939/1940	Dresdner SC	01.12.40	Olympiastadion Berlin
1938/1939	1. FC Nürnberg	08.04.40	Olympiastadion Berlin
1937/1938	Rapid Wien	08.01.39	Olympiastadion Berlin
1936/1937	FC Schalke 04	09.01.38	Müngersdorfer Stadion Köln
1935/1936	VfB Leipzig	03.01.37	Olympiastadion Berlin
1934/1935	1. FC Nürnberg	08.12.35	Düsseldorfer Rheinstadion

Schwarz-Weiß Essen – Borussia Neunkirchen 5:2 (1:0)

VfB Stuttgart – Fortuna Düsseldorf 4:3 (3:3, 1:0) nach Verlängerung

FC Bayern München – Fortuna Düsseldorf 1:0 (0:0)

Karlsruher SC – Hamburger SV 3:1 (1:1)

Karlsruher SC – FC Schalke 04 3:2 (1:1)

VfB Stuttgart – 1. FC Köln 1:0 (0:0) nach Verlängerung

Rot-Weiß Essen – Alemannia Aachen 2:1 (1:0)

Vienna Wien – LSV Hamburg 3:2 (2:2, 0:1) nach Verlängerung

TSV 1860 München – FC Schalke 04 2:0 (0:0)

Dresdner SC – FC Schalke 04 2:1 (1:0)

Dresdner SC – 1. FC Nürnberg 2:1 (1:1, 1:1) nach Verlängerung

1. FC Nürnberg – SV Waldhof Mannheim 2:0 (1:0)

Rapid Wien – FSV Frankfurt 3:1 (0:1)

FC Schalke 04 – Fortuna Düsseldorf 2:1 (0:0)

VfB Leipzig – FC Schalke 04 2:1 (2:1)

1. FC Nürnberg – FC Schalke 04 2:0 (0:0)

Alle deutschen Meister (2009–1964)

Jahr	Meister	Tore	Punkte
2008/2009	VfL Wolfsburg	Tore 80:41	Punkte 69
2007/2008	FC Bayern München	Tore 68:21	Punkte 76
2006/2007	VfB Stuttgart	Tore 61:37	Punkte 70
2005/2006	FC Bayern München	Tore 67:32	Punkte 75
2004/2005	FC Bayern München	Tore 75:33	Punkte 77
2003/2004	Werder Bremen	Tore 79:38	Punkte 74
2002/2003	FC Bayern München	Tore 70:25	Punkte 75
2001/2002	BV 09 Borussia Dortmund	Tore 62:33	Punkte 70
2000/2001	FC Bayern München	Tore 62:37	Punkte 63
1999/2000	FC Bayern München	Tore 73:28	Punkte 73
1998/1999	FC Bayern München	Tore 76:28	Punkte 78
1997/1998	1. FC Kaiserslautern	Tore 63:39	Punkte 68
1996/1997	FC Bayern München	Tore 68:34	Punkte 71
1995/1996	BV 09 Borussia Dortmund	Tore 76:38	Punkte 68
1994/1995	BV 09 Borussia Dortmund	Tore 67:33	Punkte 49:19

1993/1994	FC Bayern München	Tore 68:37	Punkte 44:24
1992/1993	SV Werder Bremen	Tore 68:30	Punkte 48:20
1991/1992	VfB Stuttgart	Tore 62:32	Punkte 52:24
1990/1991	1. FC Kaiserslautern	Tore 72:45	Punkte 48:20
1989/1990	FC Bayern München	Tore 64:28	Punkte 49:19
1988/1989	FC Bayern München	Tore 67:26	Punkte 50:18
1987/1988	SV Werder Bremen	Tore 61:22	Punkte 52:16
1986/1987	FC Bayern München	Tore 67:31	Punkte 53:15
1985/1986	FC Bayern München	Tore 82:31	Punkte 49:19
1984/1985	FC Bayern München	Tore 79:38	Punkte 50:18
1983/1984	VfB Stuttgart	Tore 79:33	Punkte 48:20
1982/1983	Hamburger SV	Tore 79:33	Punkte 52:16
1981/1982	Hamburger SV	Tore 95:45	Punkte 48:20
1980/1981	FC Bayern München	Tore 89:41	Punkte 53:15
1979/1980	FC Bayern München	Tore 84:33	Punkte 50:18
1978/1979	Hamburger SV	Tore 78:32	Punkte 49:19

1977/1978	1. FC Köln	Tore 86:41	Punkte 48:20
1976/1977	Borussia Mönchengladbach	Tore 58:34	Punkte 44:24
1975/1976	Borussia Mönchengladbach	Tore 66:37	Punkte 45:23
1974/1975	Borussia Mönchengladbach	Tore 86:40	Punkte 50:18
1973/1974	FC Bayern München	Tore 95:53	Punkte 49:19
1972/1973	FC Bayern München	Tore 93:29	Punkte 54:14
1971/1972	FC Bayern München	Tore 101:38	Punkte 55:13
1970/1971	Borussia Mönchengladbach	Tore 77:35	Punkte 50:18
1969/1970	Borussia Mönchengladbach	Tore 71:29	Punkte 51:17
1968/1969	FC Bayern München	Tore 61:31	Punkte 46:22
1967/1968	1. FC Nürnberg	Tore 71:37	Punkte 47:21
1966/1967	Eintracht Braunschweig	Tore 49:27	Punkte 43:25
1965/1966	TSV 1860 München	Tore 80:40	Punkte 50:18
1964/1965	SV Werder Bremen	Tore 54:29	Punkte 41:19
1963/1964	1. FC Köln	Tore 78:40	Punkte 45:15

Alle deutschen Meister (1963–1902)

Jahr	Meister	Ort & Datum	Endspiele
1962/ 1963	BV 09 Borussia Dortmund	29. Juni 1963 in Stuttgart	BV 09 Borussia Dortmund – FC Köln 3:1
1961/ 1962	1. FC Köln	12. Mai 1962 in Berlin	1. FC Köln – 1. FC Nürnberg 4:0
1960/ 1961	1. FC Nürnberg	24. Juni 1961 in Hannover	1. FC Nürnberg – BV 09 Borussia Dortmund 3:0
1959/ 1960	Hamburger SV	25. Juni 1960 in Frankfurt	Hamburger SV – 1. FC Köln 3:2
1958/ 1959	Eintracht Frankfurt	28. Juni 1959 in Berlin	Eintracht Frankfurt – Kickers Offenbach 5:3 nach Verlängerung
1957/ 1958	FC Schalke 04	18. Mai 1958 in Hannover	FC Schalke 04 – Hamburger SV 3:0
1956/ 1957	BV 09 Borussia Dortmund	23. Juni 1957 in Hannover	BV 09 Borussia Dortmund – Hamburger SV 4:1
1955/ 1956	BV 09 Borussia Dortmund	24. Juni 1956 in Berlin	BV 09 Borussia Dortmund – Karlsruher SC 4:2

1954/ 1955	Rot–Weiß Essen	26. Juni 1955 in Hannover	Rot–Weiß Essen – 1. FC Kaiserslautern 4:3
1953/ 1954	Hannoverscher SV 96	23. Mai 1954 in Hamburg	Hannoverscher SV 96 – 1. FC Kaiserslautern 5:1
1952/ 1953	1. FC Kaiserslautern	21. Juni 1953 in Berlin	1. FC Kaiserslautern – VfB Stuttgart 4:1
1951/ 1952	VfB Stuttgart	22. Juni 1952 in Ludwigshafen	VfB Stuttgart – 1. FC Saarbrücken 3:2
1950/ 1951	1. FC Kaiserslautern	30. Juni 1951 in Berlin	1. FC Kaiserslautern – Preußen Münster 2:1
1949/ 1950	VfB Stuttgart	25. Juni 1950 in Berlin	VfB Stuttgart – Kickers Offenbach 2:1
1948/ 1949	VfR Mannheim	10. Juli 1949 in Stuttgart	VfR Mannheim – BV 09 Borussia Dortmund 3:2 nach Verlängerung
1947/ 1948	1. FC Nürnberg	8. August 1948 in Köln	1. FC Nürnberg – 1. FC Kaiserslautern 2:1
1943/ 1944	Dresdner SC	18. Juni 1944 in Berlin	Dresdner SC – LSV Hamburg 4:0
1942/ 1943	Dresdner SC	27. Juni 1943 in Berlin	Dresdner SC – FV Saarbrücken 3:0

1941/ 1942	FC Schalke 04	5. Juli 1942 in Berlin	FC Schalke 04 – Vienna Wien 2:0
1940/ 1941	Rapid Wien	22. Juni 1941 in Berlin	Rapid Wien – FC Schalke 04 4:3
1939/ 1940	FC Schalke 04	21. Juli 1940 in Berlin	FC Schalke 04 – Dresdner Sport-Club 1:0
1938/ 1939	FC Schalke 04	18. Juni 1939 in Berlin	FC Schalke 04 – Admira Wien 9:0
1937/ 1938	Hannoverscher SV 96	26. Juni und 3. Juli 1938 in Berlin	Hannoverscher SV 96 – FC Schalke 04 3:3 nach Verlängerung und 4:3 nach Verlängerung
1936/ 1937	FC Schalke 04	20. Juni 1937 in Berlin	FC Schalke 04 – 1. FC Nürnberg 2:0
1935/ 1936	1. FC Nürnberg	21. Juni 1936 in Berlin	1. FC Nürnberg – Fortuna Düsseldorf 2:1 nach Verlängerung
1934/ 1935	FC Schalke 04	23. Juni 1935 in Köln	FC Schalke 04 – VfB Stuttgart 6:4
1933/ 1934	FC Schalke 04	24. Juni 1934 in Berlin	FC Schalke 04 – 1. FC Nürnberg 2:1
1932/ 1933	Fortuna Düsseldorf	11. Juni 1933 in Köln	Fortuna Düsseldorf – FC Schalke 04 3:0

1931/ 1932	FC Bayern München	12. Juni 1932 in Nürnberg	FC Bayern München – Eintracht Frankfurt 2:0
1930/ 1931	Hertha BSC Berlin	14. Juni 1931 in Köln	Hertha BSC Berlin – TSV 1860 München 3:2
1929/ 1930	Hertha BSC Berlin	22. Juni 1930 in Düsseldorf	Hertha BSC Berlin – Holstein Kiel 5:4
1928/ 1929	SpVgg Fürth	28. Juli 1929 in Nürnberg	SpVgg Fürth – Hertha BSC Berlin 3:2
1927/ 1928	Hamburger SV	29. Juli 1928 in Hamburg	Hamburger SV – Hertha BSC Berlin 5:2
1926/ 1927	1. FC Nürnberg	12. Juni 1927 in Berlin	1. FC Nürnberg – Hertha BSC Berlin 2:0
1925/ 1926	SpVgg Fürth	13. Juni 1926 in Frankfurt	SpVgg Fürth – Hertha BSC Berlin 4:1
1924/ 1925	1. FC Nürnberg	7. Juni 1925 in Frankfurt	1. FC Nürnberg – FSV Frankfurt 1:0 nach Verlängerung
1923/ 1924	1. FC Nürnberg	8. Juni 1924 in Berlin	1. FC Nürnberg – Hamburger SV 2:0
1922/ 1923	Hamburger SV	10. Juni 1923 in Berlin	Hamburger SV – Union Oberschöneweide 3:0

1921/ 1922	kein Meister	18. Juni 1922 in Berlin	Hamburger SV – 1. FC Nürnberg 2:2, 6. August in Leipzig Hamburger SV – 1. FC Nürnberg 1:1.
1920/ 1921	1. FC Nürnberg	12. Juni 1921 in Düsseldorf	1. FC Nürnberg – Vorwärts Berlin 5:0
1919/ 1920	1. FC Nürnberg	13. Juni 1920 in Frankfurt	1. FC Nürnberg – SpVgg Fürth 2:0
1913/ 1914	SpVgg Fürth	31. Mai 1914 in Magdeburg	SpVgg Fürth – VfB Leipzig 3:2 nach Verlängerung.
1912/ 1913	VfB Leipzig	11. Mai 1913 in München	VfB Leipzig – Duisburger SpV 3:1
1911/ 1912	Holstein Kiel	26. Mai 1912 in Hamburg	Holstein Kiel – Karlsruher FV 1:0.
1910/ 1911	Viktoria Berlin	4. Juni 1911 in Dresden	Viktoria Berlin – VfB Leipzig 3:1
1909/ 1910	Karlsruher FV	15. Mai 1910 in Köln	Karlsruher FV – Holstein Kiel 1:0 nach Verlängerung
1908/ 1909	Phönix Karlsruhe	30. Mai 1909 in Breslau	Phönix Karlsruhe – Viktoria Berlin 4:2
1907/ 1908	Viktoria Berlin	7. Juni 1908 in Berlin	Viktoria Berlin – Stuttgarter Kickers 3:0

1906/ 1907	Freiburger FC	2. Juni 1907 in Mannheim	Freiburger FC – Viktoria 89 Berlin 3:1
1905/ 1906	VfB Leipzig	27. Mai 1906 in Nürnberg	VfB Leipzig – 1. FC Pforzheim 2:1.
1904/ 1905	Union 92 Berlin	21. Mai 1905 in Köln	Union 92 Berlin – Karlsruher FV 2:0
1902/ 1903	VfB Leipzig	31. Mai 1903 in Altona	VfB Leipzig – DFC Prag 7:2

Stand 2008

Bundesliga – älteste Spieler

Platz	Spieler	Alter
1	Klaus Fichtel	43 Jahre, 6 Mon.
2	Ulrich Stein	42 Jahre, 5 Mon.
3	Toni Schumacher	42 Jahre, 2 Mon.
4	Mirko Votava	40 Jahre, 7 Mon.
5	Bernd Dreher	40 Jahre, 6 Mon.

Bundesliga – jüngste Spieler

Platz	Spieler	Alter
1	Nuri Sahim	16 Jahre, 11 Mon.
2	Jürgen Friedl	17 Jahre, 0 Mon.
3	Ibrahim Tanko	17 Jahre, 1 Mon.
4	Christian Wörns	17 Jahre, 3 Mon.
5	Christian Wück	17 Jahre, 4 Mon.

Stand 03 / 2009

Bundesliga – Ewige Tabelle

Platz	Club	Spiele	Siege
1	FC Bayern München	1500	845
2	Werder Bremen	1526	671
3	Hamburger SV	1560	654
4	VfB Stuttgart	1492	638
5	Borussia Dortmund	1424	586
6	Borussia Mönchengladbach	1398	559
7	1. FC Köln	1356	563
8	1. FC Kaiserslautern	1424	558
9	FC Schalke 04	1390	531
10	Eintracht Frankfurt	1390	517

Stand 2009

Unentschieden	Niederlagen	Tore	Punkte
352	303	3182:1750	2887
373	482	2617:2135	2386
418	488	2580:2174	2380
367	487	2549:2124	2281
379	459	2424:2110	2137
378	461	2435:2061	2055
339	454	2340:1991	2028
354	512	2276:2239	2025
357	502	2030:2030	1950
351	522	2249:2164	1900

Bundesliga – Spieler, häufigste Meisterschaften

Platz	Spieler	Anzahl Titel	Spielzeiten
1	Mehmet Scholl	8	18
2	Oliver Kahn	8	20
3	Alexander Zickler	7	13
4	Klaus Augenthaler	7	14
5	Lothar Matthäus	7	17

Bundesliga – Trainer, häufigste Meisterschaften

Platz	Trainer	Anzahl Titel	Spielzeiten
1	Udo Lattek	8	19
2	Ottmar Hitzfeld	7	14
3	Hennes Weisweiler	4	14
4	Felix Magath	3	14
5	Otto Rehhagel	3	28

Stand 2009

Bundesliga – Die höchsten Siege

Saison	Datum	Heim Gast	Erg.
1977/1978	29.04.1978	Bor. Mönchengladbach Borussia Dortmund	12:0
1966/1967	07.01.1967	Bor. Mönchengladbach FC Schalke 04	11:0
1982/1983	06.11.1982	Borussia Dortmund Arminia Bielefeld	11:1
1971/1972	27.11.1971	Bayern München Borussia Dortmund	11:1
1984/1985	11.10.1984	Bor. Mönchengladbach Eintracht Braunschweig	10:0
1967/1968	04.11.1967	Bor. Mönchengladbach Borussia Neunkirchen	10:0
1983/1984	13.03.1984	Bayern München Kickers Offenbach	9:0
1976/1977	10.09.1976	Bayern München TeBe Berlin	9:0
1965/1966	26.03.1966	Tasmania 1900 Berlin Meidericher SV	0:9
1964/1965	27.02.1965	TSV 1860 München Karlsruher SC	9:0
1999/2000	18.03.2000	SSV Ulm 1846 Bayer Leverkusen	1:9
1974/1975	05.10.1974	Eintracht Frankfurt Rot-Weiss Essen	9:1
1969/1970	18.04.1970	Hertha BSC Borussia Dortmund	9:1
1965/1966	16.04.1966	Borussia Neunkirchen TSV 1860 München	1:9

Stand 2009

Bundesliga – meiste Eigentore

Platz	Spieler	Eigentore	Spiele
1	Manfred Kaltz	6	528
2	Per Röntved	5	194
3	Franz Beckenbauer	4	424
Franz Beckenbauer teilt sich den 3. Platz in dieser Statistik mit neun weiteren Spielern.			

Stand 2009

Bundesliga – meiste Spiele

Pos.	Spieler	Einsätze
1	Karl-Heinz Körbel	602
2	Manfred Kaltz	581
3	Oliver Kahn	557
4	Klaus Fichtel	552
5	Mirko Votava	546
6	Klaus Fischer	535
7	Eike Immel	534
8	Willi Neuberger	520
9	Michael Lameck	518
10	Uli Stein	512
11	Stefan Reuter	502
12	Bernard Dietz	495
13	Ditmar Jakobs	493
14	Rainer Geye	485
15	Dieter Burdenski	478
16	Sepp Maier	473
17	Oliver Reck	471
18	Christian Wörns	469
19	Harald Schumacher	461
20	Lothar Matthäus	464

Stand 2009

Bundesliga – Torschützenliste

Platz	Spieler	Spiele	Tore
1	Gerd Müller	427	365
2	Klaus Fischer	535	268
3	Jupp Heynckes	369	220
4	Manfred Burgsmüller	447	213
5	Ulf Kirsten	350	182
6	Stefan Kuntz	449	179
7	Dieter Müller	303	177
7	Klaus Allofs	424	177
9	Hannes Löhr	381	166
10	Karl-Heinz Rummenigge	310	162
11	Bernd Hölzenbein	420	160
12	Fritz Walter	348	157
13	Thomas Allofs	378	148
14	Bernd Nickel	426	141
15	Uwe Seeler	239	137
16	Horst Hrubesch	224	136
17	Giovane Elber	260	133
18	Rudi Völler	232	132
19	Michael Zorc	463	131
20	Karl Allgöwer	338	129
21	Dieter Hoeneß	288	127
22	Martin Max	396	126
23	Georg Volkert	410	125
24	Frank Mill	387	123
25	Herbert Laumen	267	121

25	Lothar Matthäus	464	121
27	Roland Wohlfarth	286	120
28	Bernd Rupp	274	119
28	Ronald Worm	380	119
30	Claudio Pizarro	256	117
30	Miroslav Klose	262	117
32	Pierre Littbarski	406	116
33	Lothar Emmerich	183	115
34	Rainer Geye	485	113
35	Jürgen Klinsmann	221	110
35	Andreas Möller	429	110
37	Jürgen Grabowski	441	109
38	Fredi Bobic	285	108
39	Klaus Toppmöller	204	107
39	Uwe Rahn	318	107
41	Ailton	219	106
41	Stéphane Chapuisat	228	106
41	Christian Schreier	331	106
44	Bruno Labbadia	328	103
45	Thomas von Heesen	378	101
45	Marco Bode	379	101
47	Erwin Kostedde	219	98
47	Bum-Kun Cha	308	98
47	Mehmet Scholl	392	98
50	Franz Brungs	235	97
50	Frank Neubarth	317	97

Stand 2009

Europapokal der Landesmeister / Champions League Sieger

Saison	Sieger	Finalist
2009	FC Barcelona	Manchester United
2008	Manchester United	Chelsea London
2007	AC Mailand	FC Liverpool
2006	FC Barcelona	Arsenal London
2005	FC Liverpool	AC Mailand
2004	FC Porto	AS Monaco
2003	AC Mailand	Juventus Turin
2002	Real Madrid	Bayer Leverkusen
2001	Bayern München	FC Valencia
2000	Real Madrid	FC Valencia
1999	Manchester United	Bayern München
1998	Real Madrid	Juventus Turin
1997	Borussia Dortmund	Juventus Turin
1996	Juventus Turin	Ajax Amsterdam
1995	Ajax Amsterdam	AC Mailand
1994	AC Mailand	FC Barcelona
1993	Olympique Marseille	AC Mailand
1992	FC Barcelona	Sampdoria Genua
1991	Roter Stern Belgrad	Olympique Marseille
1990	AC Mailand	Benfica Lissabon
1989	AC Mailand	Steaua Bukarest
1988	PSV Eindhoven	Benfica Lissabon
1987	FC Porto	Bayern München
1986	Steaua Bukarest	FC Barcelona
1985	Juventus Turin	FC Liverpool
1984	FC Liverpool	AS Rom
1983	Hamburger SV	Juventus Turin

1982	Aston Villa	Bayern München
1981	FC Liverpool	Real Madrid
1980	Nottingham Forest	Hamburger SV
1979	Nottingham Forest	Malmö FF
1978	FC Liverpool	FC Brügge
1977	FC Liverpool	Borussia Mönchengladbach
1976	Bayern München	AS St. Etienne
1975	Bayern München	Leeds United
1974	Bayern München	Atletico Madrid
1973	Ajax Amsterdam	Juventus Turin
1972	Ajax Amsterdam	Inter Mailand
1971	Ajax Amsterdam	Panathinaikos Athen
1970	Feyenoord Rotterdam	Celtic Glasgow
1969	AC Mailand	Ajax Amsterdam
1968	Manchester United	Benfica Lissabon
1967	Celtic Glasgow	Inter Mailand
1966	Real Madrid	Partizan Belgrad
1965	Inter Mailand	Benfica Lissabon
1964	Inter Mailand	Real Madrid
1963	AC Mailand	Benfica Lissabon
1962	Benfica Lissabon	Real Madrid
1961	Benfica Lissabon	FC Barcelona
1960	Real Madrid	Eintracht Frankfurt
1959	Real Madrid	Stade de Reims
1958	Real Madrid	AC Mailand
1957	Real Madrid	AC Florenz
1956	Real Madrid	Stade de Reims

Stand 2009

Fußballer des Jahres in Deutschland

1960	Uwe	Seeler
1961	Max	Morlock
1962	Karl-Heinz	Schnellinger
1963	Hans	Schäfer
1964	Uwe	Seeler
1965	Hans	Tilkowski
1966	Franz	Beckenbauer
1967	Gerd	Müller
1968	Franz	Beckenbauer
1969	Gerd	Müller
1970	Uwe	Seeler
1971	Berti	Vogts
1972	Günter	Netzer
1973	Günter	Netzer
1974	Franz	Beckenbauer
1975	Sepp	Maier
1976	Franz	Beckenbauer
1977	Sepp	Maier
1978	Sepp	Maier
1979	Berti	Vogts
1980	Karl-Heinz	Rummenigge
1981	Paul	Breitner
1982	Karlheinz	Förster
1983	Rudi	Völler
1984	Harald	Schumacher

1985	Hans-Peter	Briegel
1986	Harald	Schumacher
1987	Uwe	Rahn
1988	Jürgen	Klinsmann
1989	Thomas	Häßler
1990	Lothar	Matthäus
1991	Stefan	Kuntz
1992	Thomas	Häßler
1993	Andreas	Köpke
1994	Jürgen	Klinsmann
1995	Matthias	Sammer
1996	Matthias	Sammer
1997	Jürgen	Kohler
1998	Oliver	Bierhoff
1999	Lothar	Matthäus
2000	Oliver	Kahn
2001	Oliver	Kahn
2002	Michael	Ballack
2003	Michael	Ballack
2004	Ailton	
2005	Michael	Ballack
2006	Miroslav	Klose
2007	Mario	Gómez
2008	Franck	Ribéry

Stand 2009

Fußballer des Jahres in Europa

Jahr	Spieler
2008	Cristiano Ronaldo
2007	Kaká
2006	Fabio Cannavaro
2005	Ronaldinho
2004	Andriy Shevchenko
2003	Pavel Nedved
2002	Ronaldo
2001	Michael Owen
2000	Luís Figo
1999	Rivaldo
1998	Zinedine Zidane
1997	Ronaldo
1996	Matthias Sammer
1995	George Weah
1994	Hristo Stoichkov
1993	Roberto Baggio
1992	Marco van Basten
1991	Jean-Pierre Papin
1990	Lothar Matthäus
1989	Marco van Basten
1988	Marco van Basten
1987	Ruud Gullit
1986	Igor Belanov
1985	Michel Platini
1984	Michel Platini
1983	Michel Platini

1982	Paolo Rossi
1981	Karl-Heinz Rummenigge
1980	Karl-Heinz Rummenigge
1979	Kevin Keegan
1978	Kevin Keegan
1977	Allan Simonsen
1976	Franz Beckenbauer
1975	Oleg Blokhin
1974	Johan Cruyff
1973	Johan Cruyff
1972	Franz Beckenbauer
1971	Johan Cruyff
1970	Gerd Müller
1969	Gianni Rivera
1968	George Best
1967	Florian Albert
1966	Bobby Charlton
1965	Eusébio
1964	Dennis Law
1963	Lev Yashin
1962	Josef Masopust
1961	Omar Sivori
1960	Luis Suárez
1959	Alfredo di Stefano
1958	Raymond Kopa
1957	Alfrédo di Stefano
1956	Stanley Matthews

Weltfußballer des Jahres

Jahr	Spieler	Land	Verein
1991	Lothar Matthäus	Deutschland	Inter Mailand
1992	Marco van Basten	Niederlande	AC Mailand
1993	Roberto Baggio	Italien	Juventus Turin
1994	Romário	Brasilien	FC Barcelona
1995	George Weah	Liberia	Paris Saint-Germain / AC Mailand
1996	Ronaldo	Brasilien	PSV Eindhoven / FC Barcelona
1997	Ronaldo	Brasilien	FC Barcelona / Inter Mailand
1998	Zinédine Zidane	Frankreich	Juventus Turin
1999	Rivaldo	Brasilien	FC Barcelona
2000	Zinédine Zidane	Frankreich	Juventus Turin
2001	Luís Figo	Portugal	Real Madrid
2002	Ronaldo	Brasilien	Inter Mailand / Real Madrid
2003	Zinédine Zidane	Frankreich	Real Madrid
2004	Ronaldinho	Brasilien	FC Barcelona
2005	Ronaldinho	Brasilien	FC Barcelona
2006	Fabio Cannavaro	Italien	Juventus Turin / Real Madrid
2007	Kaká	Brasilien	AC Mailand
2008	Cristiano Ronaldo	Portugal	Manchester United

Stand 2009

FIFA Fußball Weltmeisterschaften – Tore und Zuschauer

Auflage	Mann-schaften	Spiele	Tore	Ø Zuschauer	Weltmeister
Deutschland 2006 ™	32	64	147	52491	Italien
Korea/Japan 2002 ™	32	64	161	42268	Brasilien
Frankreich 1998	32	64	171	43517	Frankreich
USA 1994	24	52	141	68991	Brasilien
Italien 1990	24	52	115	48391	Deutschland
Mexico 1986	24	52	132	46025	Argentinien
Spanien 1982	24	52	146	40571	Italien
Argentinien 1978	16	38	102	40688	Argentinien
Deutschland 1974	16	38	97	46530	Deutschland
Mexico 1970	16	32	95	50124	Brasilien
England 1966	16	32	89	51093	England
Chile 1962	16	32	89	28096	Brasilien
Schweden 1958	16	35	126	26273	Brasilien
Schweiz 1954	16	26	140	34211	Deutschland
Brasilien 1950	13	22	88	47431	Uruguay
Frankreich 1938	15	18	84	20888	Italien
Italien 1934	16	17	70	21058	Italien
Uruguay 1930	13	18	70	24138	Uruguay

Stand 2009

FIFA Fussball-Weltmeisterschaft – Ewige Tabelle

Rang	Mannschaft	Spiele	Siege	Unentschieden
1	Brasilien	92	64	14
2	Deutschland	92	55	19
3	Italien	77	44	19
4	Argentinien	65	33	13
5	England	55	25	17
6	Frankreich	51	25	10
7	Spanien	49	22	12
8	Schweden	46	16	13
9	Niederlande	36	16	10
10	Russland	37	17	6

Stand 2009

	Niederlagen	Tore	Gegentore	Punkte	Teilnahmen
	14	201	85	206	18
	18	190	114	184	16
	14	122	73	151	16
	19	113	73	112	14
	13	74	47	92	12
	16	95	66	85	12
	15	80	57	78	12
	17	74	69	61	11
	10	59	36	58	8
	14	64	44	57	9

FIFA Fußball Weltmeisterschaften – Spieler mit den meisten Turnierteilnahmen

Land	Spieler	Auflagen
Deutschland	Lothar Matthäus	5 (1982, 1986, 1990, 1994, 1998)
Brasilien	Cafu	4 (1994, 1998, 2002, 2006)
Argentinien	Diego Maradona	4 (1982, 1986, 1990, 1994)
Italien	Paolo Maldini	4 (1990, 1994, 1998, 2002)
Polen	Wladyslaw Zmuda	4 (1974, 1978, 1982, 1986)

Stand 2009

FIFA Fußball Weltmeisterschaften – Spieler mit den meisten Toren

Land	Spieler	Weltmeisterschaft(en)	Spiele	Tore
Brasilien	Ronaldo	1998, 2002, 2006	19	15
Deutschland	Gerd Müller	1970, 1974	13	14
Frankreich	Just Fontaine	1958	6	13
Brasilien	Pele	1958, 1962, 1966, 1970	13	12
Ungarn	Sandor Kocsis	1954	5	11
Deutschland	Jürgen Klinsmann	1990, 1994, 1998	17	11
Deutschland	Miroslav Klose	2002, 2006	14	10
Deutschland	Helmut Rahn	1954, 1985	10	10
Argentinien	Gabriel Batistuta	1994, 1998, 2002	12	10
Peru	Teofilo Cubillas	1970, 1978, 1982	13	10
England	Gary Lineker	1986, 1990	12	10
Polen	Grzegorz Lato	1974, 1978, 1982	20	10

Rekordpokalsieger

Pl.	Mannschaft	Siege/Finalteiln.
1.	FC Bayern München	14 (16)
2.	Werder Bremen	6 (9)
3.	Eintracht Frankfurt	4 (6)
	1. FC Nürnberg	4 (6)
	1. FC Köln	1 (10)
	FC Schalke 04	4 (11)
7.	Hamburger SV	3 (6)
	Bor. Mönchengladbach	3 (5)
	VfB Stuttgart	3 (5)
10.	Bor. Dortmund	2 (4)
	Dresdner SC	2 (2)
	Fortuna Düsseldorf	2 (7)
	1. FC Kaiserslautern	2 (7)
	Karlsruher SC	2 (4)
	1860 München	2 (2)

Stand 2009

UEFA Europameisterschaften

Jahr	Gastgeberland	Europameister	Vize
1960	Frankreich	Sowjetunion	Jugoslawien
1964	Spanien	Spanien	Sowjetunion
1968	Italien	Italien	Jugoslawien
1972	Belgien	Deutschland	Sowjetunion
1976	Jugoslawien	Tschechoslowakei	Deutschland
1980	Italien	Deutschland	Belgien
1984	Frankreich	Frankreich	Spanien
1988	Deutschland	Niederlande	Sowjetunion
1992	Schweden	Dänemark	Deutschland
1996	England	Deutschland	Tschechien
2000	Belgien/Niederlande	Frankreich	Italien
2004	Portugal	Griechenland	Portugal
2008	Österreich/Schweiz	Spanien	Deutschland

Stand 2009

Europameisterschaften – die besten Torschützen

Platz	Spieler	Mannschaft(en)	Sp.	Tore
1	Michel Platini	Frankreich	5	9
2	Alan Shearer	England	9	7
3	Thierry Henry	Frankreich	11	6
	Patrick Kluivert	Niederlande	9	6
	Nuno Gomes	Portugal	14	6
	Ruud van Nistelrooy	Niederlande	8	6
7	Milan Baroš	Tschechien	6	5
	Jürgen Klinsmann	Deutschland	13	5
	Savo Miloševi	Jugoslawien	4	5
	Marco van Basten	Niederlande	9	5
	Zinedine Zidane	Frankreich	14	5

Stand 2009

Lesetipps:

Bredekamp, Horst, Florentiner Fußball, Berlin 2001.

Krüger, Michael, Einführung in die Geschichte der Leibeserziehung und des Sports: Von den Anfängen bis ins 18. Jahrhundert, Schorndorf 2005.

Herzog, Markwart (Hg.), Fußball zur Zeit des Nationalsozialismus, Stuttgart 2008.

Hüttig, Andreas, Marx, Johannes (Hg.), Abseits denken, Fußball in Kultur, Philosophie und Wissenschaft, Fuldabrück 2004.

Pilz, Gunter A., Wandlungen des Zuschauerverhaltens im Profifußball, Bonn 2006.

Jelinek, Radovan / Tomes, Jiri, Fußball Weltatlas: Clubs, Länder, Verbände, Karten, Grafiken, Tabellen, München 2007.

Borgwardt, Florian, Wieviele Tore schießt das Geld? Abhängigkeiten von monetären Einflüssen und der sportlichen Qualität im professionellen Fußball, Saarbrücken 2008.

Hill, Declan, Sichere Siege: Fußball und organisiertes Verbrechen oder wie Spiele manipuliert werden, München 2008.

Biermann, Christoph, Fast alles über Fußball, München 2005.

Schumacher, Harald, Anpfiff. Enthüllungen über den deutschen Fußball, München 1987.

Körner, Torsten, Franz Beckenbauer: Der freie Mann, Frankfurt/M. 2005.

Seeler, Uwe / Köster, Roman, Danke, Fußball!: Mein Leben, Reinbek 2004.

Horeni, Michael, Klinsmann: Stürmer Trainer Weltmeister, Frankfurt/M. 2005.

Willmann, Frank, Ultras Kutten Hooligans: Fußballfans in Ost-Berlin, Berlin 2008.

Bausenwein, Christoph, Geheimnis Fußball. Auf den Spuren eines Phänomens, Göttingen 2006.

Havemann, Nils, Fußball unterm Hakenkreuz, Frankfurt/M. 2005.

König, Thomas, Fankultur: Eine soziologische Studie am Beispiel des Fußballfans, Münster 2002.

Rautenberg, Michael, Tillmann, Angela, Böhnisch, Lothar (Hg.), Doppelpässe: Eine sozialwissenschaftliche Fußballschule, Weinheim 2008.

Links

http://www.dfl.de
http://www.fifa.com
http://www.kicker.de
http://www.11freunde.de